イメージ記憶で
スイスイ覚える

ゆる語訳
現代文単語

学研プライムゼミ特任講師
池上和裕 監修

Gakken

本書の特長と使い方

「評論文って漢字やカタカナ語が多くて難しく感じる……」
「文章を読んでいても、単語の意味がわからず引っかかってしまう」
「辞書や単語帳の説明も、イマイチ意味がわからない」
現代文の学習をしているなかで、
こんな悩みを抱える人は多いのではないでしょうか？
本書では、現代文で頻出の単語に、
ニュアンスを大づかみできる
カジュアルなひとこと説明（＝ゆる語訳）と、
記憶に残りやすいイメージイラストを添えています。
「ゆる語訳」をとっかかりとして、
それぞれの現代文単語が表す意味を、
無理なく引き出すことができます。
短時間で楽しく現代文単語をマスターしましょう。

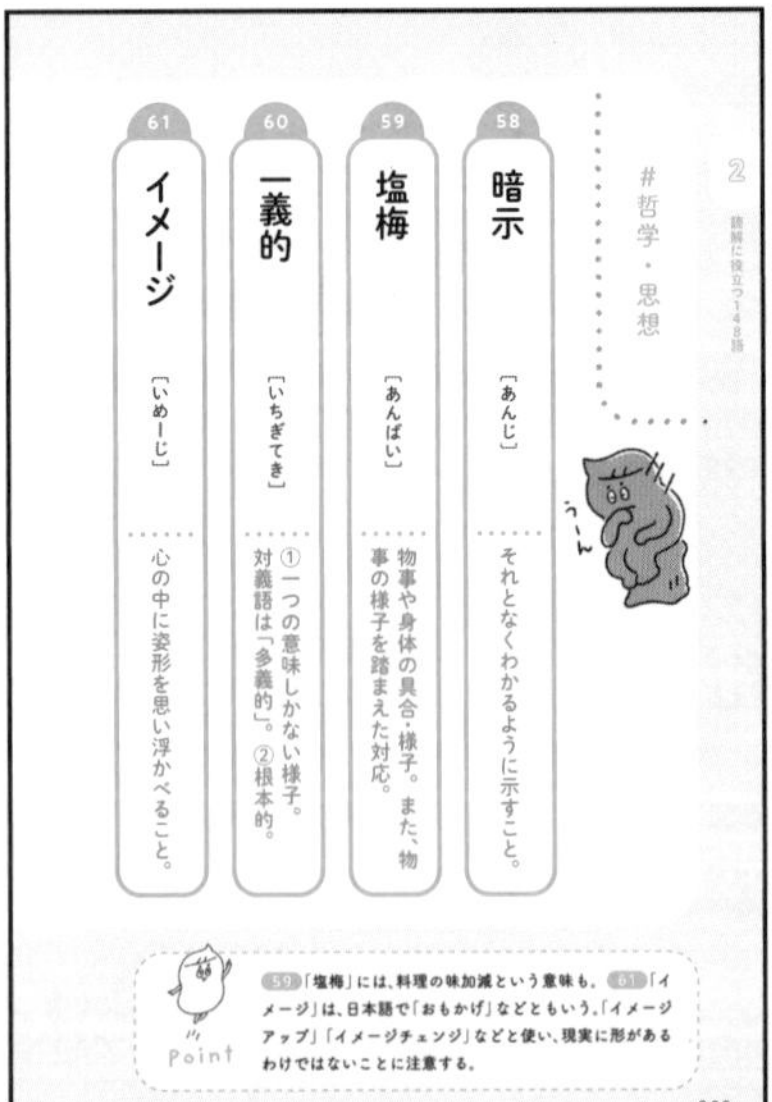
2 読解に役立つ148語
#哲学・思想
58 暗示［あんじ］それとなくわかるように示すこと。
59 塩梅［あんばい］物事や身体の具合・様子。また、物事の様子を踏まえた対応。
60 一義的［いちぎてき］①一つの意味しかない様子。対義語は「多義的」。②根本的。
61 イメージ［いめーじ］心の中に姿形を思い浮かべること。

Point 59「塩梅」には、料理の味加減という意味も。61「イメージ」は、日本語で「おもかげ」などともいう。「イメージアップ」「イメージチェンジ」などと使い、現実に形があるわけではないことに注意する。
066

サブページ

スピーディに理解したい単語については、左のようにまとめて掲載している。
#のグルーピングも参考にしながら、一気に覚えよう。

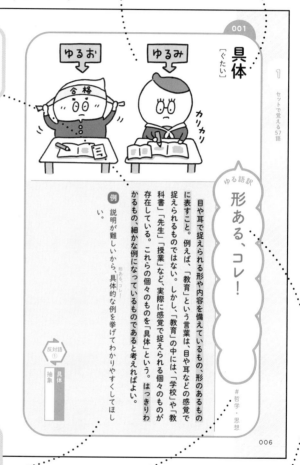

イメージイラスト
各単語のニュアンスをイラスト化。ゆる語訳とセットで記憶しよう。

見出し語
漢字の読みもしっかりチェックしよう。

メインページ

解説
各単語の意味や使われ方を詳しく解説。

001

具体
［ぐたい］

1 セットで覚える57語

ゆる語訳
形ある、コレ！

目や耳で捉えられる形や内容を備えているもの、形のあるものに表すこと。例えば、「教育」という言葉は、目や耳などの感覚で捉えられるものではない。しかし、「教育」の中には、「学校」や「教科書」「先生」「授業」など、実際に感覚で捉えられる個々のものが存在している。これらの個々のものを「具体」という。はっきりわかるもの、細かな例になっているものであると考えればよい。

例 説明が難しいから、具体（形ある、コレ！）的な例を挙げてわかりやすくしてほしい。

反対語①
具体
抽象

#哲学・思想

006

例文
ゆる語訳と繋げながら、実際の使われ方を理解しよう。

ハッシュタグ
覚えやすいように、各単語をジャンルで分類。

ゆる語訳
各単語のニュアンスをつかめる、カジュアルなひとこと説明。

もくじ

キャラクター紹介

ゆるお

おしゃれで野心家の兄。ゆるこにデレデレ。

ゆるみ

真面目でしっかりものの姉。少し不器用な一面も。

ゆるた

やんちゃで純粋な弟。天才肌で芸術的センスも抜群。

ゆるこ

甘えん坊でミーハーな妹。細かいことは気にしない。

第1章
セットで覚える57語

具体

［ぐたい］

ゆる語訳

形ある、コレ！

#哲学・思想

目や耳で捉えられる形や内容を備えているもの、形のあるものに表すこと。例えば、「教育」という言葉は、目や耳などの感覚で捉えられるものではない。しかし、「教育」の中には、「学校」や「教科書」「先生」「授業」など、実際に感覚で捉えられる個々のものが存在している。これらの個々のものを「具体」という。はっきりわかるもの、細かな例になっているものであると考えればよい。

例 説明が難しいから、具体（形ある、コレ！）的な例を挙げてわかりやすくしてほしい。

反対語①

具体	抽象

002

抽象

［ちゅうしょう］

関 捨象

ゆる語訳

共通点を引き出す

いくつかの物事や考えから共通するものを抜き出して、一つの概念にまとめること。「抽」は〈引き出す〉〈抜き出す〉の意味。例えば、「学校」や「教科書」「先生」「授業」という具体的なものに共通するのは、教えること（＝教育）。このような共通する性質をもつものをまとめることを「抽象」と呼ぶ。また、このとき、共通する性質以外のものを捨て去ることを、「捨象」という。「具体」と異なり、ボヤッとした、漠然としたものと考えるとわかりやすい。

例 一人ひとりの平和への願いを抽象的（共通点を引き出す）に表した作品。

反対語①

具体	抽象

#哲学・思想

主観
［しゅかん］

ゆる語訳
ぼくが見ると

哲学では、主体（動作主）が客体（対象）を認識する心の働きのこと。対象は主観と切り離されて存在する。

また、自分だけの考えや感じ方のこと。例えば、ある花を見たときにそれを「きれいだ！」と思う人もいれば、「そうでもない……。」と思う人もいるだろうし、「いい香りだ！」と香りに着目する人もいるだろう。だから、ともすれば、自分だけの認識だけに偏った考え方という意味にもなる。評論文では、マイナスの意味で使用されることが多い。

#哲学・思想

例　それは、とても主観（ぼくが見ると）的な意見だ。

反対語②
主観
客観

004

客観［きゃっかん］

ゆる語訳

誰が見ても

反対語②

主観

客観

哲学では、人間の認識の対象や、自分の意識や考えの外に存在するもののこと。

また、自分の考えを入れずに周りの第三者の立場からの見方や考え方も意味する。例えば、ある花を見たときにその花を「きれいだ！」と思うのは、自分の感じ方、つまり主観的なものである。だが、その花が「赤い」とか「大きい」などの判断は、誰もがそう納得できるものであるとき、客観的なものとなる。評論文では、冷静な見方という意味合いで使用されることが多い。

例 日本文化について、客観的（誰が見ても）に判断する。

#哲学・思想

絶対
［ぜったい］

ゆる語訳

ほかは関係ない！

#哲学・思想

ほかの何とも比較されない、ただ一つ独立したあり方を指す。例えば、「絶対評価」という成績評価の方法がある。生徒同士の成績を比較せず、平均点とも比べずに、その生徒個人の頑張りを達成度によって評価するシステムだ。とにかくほかがどうであれ、それに関係なく「コレ！」と評価されて動かないもののことと考えればOK。

例 あの先輩は、このクラブでは絶対（ほかは関係ない！）的な存在だ。

反対語③

絶対	相対

相対［そうたい］

ゆる語訳

ほかと比べて、こう！

相互に関係し合って存在すること。あるいは、複数のもの同士を比べてその違いが理解できる状態も指す。例えば、「相対評価」という成績評価の方法がある。これは生徒同士の点数などを比較し、平均点との差異によって成績を決めるシステム。模擬試験の偏差値の仕組みはまさにこの「相対評価」のシステムの例である。そのもの一つでは成り立たない。

例 相対的に見て（ほかと比べて、こう！）、彼はほかの社員より優れている。

反対語③
絶対 / 相対

#哲学・思想

顕在

［けんざい］

ゆる語訳

はっきりあらわれる

#哲学・思想

物事がはっきりした形をとってあらわれること。例えば、「顕在意識」といえば、本人にとってははっきり自覚される意識のことを指す。顕在化するのは、「論理」「課題」「特性」「心情」など幅広く、とにかく隠れているものがあらわれてくるという文脈で使われる。ネガティブなものがあらわれる場合が、ちょっとだけ多い。

例 問題が顕在化（はっきりあらわれる）してきた。

反対語④

顕在	潜在

008

潜在［せんざい］

ゆる語訳

かくれてる

はっきりした形では外にあらわれず、内部にひそかに存在すること。「潜」は〈ひそむ。もぐる。〉という意味の漢字。例えば、「潜在意識」といえば、はっきりと自覚されてはいないが、心の奥で働いているその人の考えを指す。表には決してあらわれていないのがポイント。

例 その商品には潜在（かくれてる）的なファンがいる。

反対語④

顕在	潜在

#哲学・思想

外延
［がいえん］

ゆる語訳

まとめの中の一個一個

#哲学・思想

ある概念（209）、つまりある物事に対する総合されたイメージに適用される最大の範囲に入るものすべてを指す。例えば、「惑星」という概念の外延は、水星、金星、地球、火星、木星などとなるし、「鳥」という概念の外延は、すずめ、白鳥、からすなどとなる。

例 文学や音楽は「芸術」という概念の外延（まとめの中の一個一個）だ。

反対語⑤
外延
内包

010

内包［ないほう］

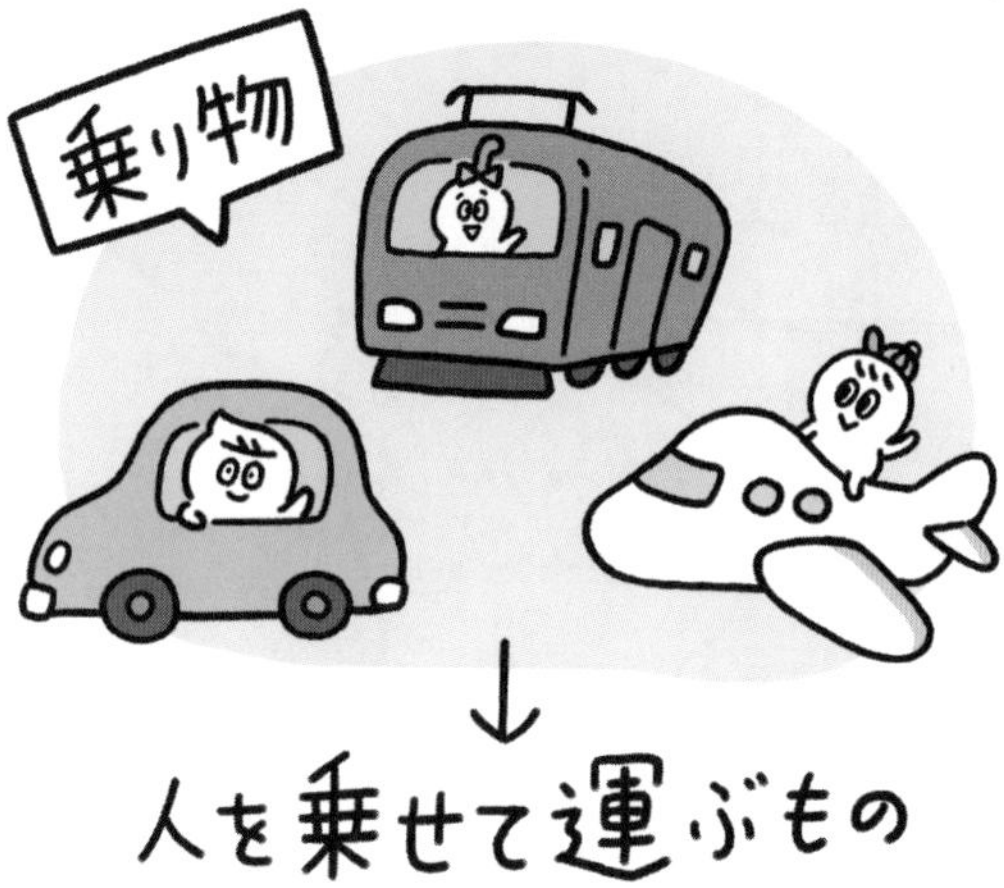

ゆる語訳
まとめの中の共通の性質

一つの概念に含まれる共通の性質すべてのこと。つまり、外延のもつ共通の性質ともいえる。例えば、「惑星」という概念の内包は、「太陽系に属する。」「自己重力のためほぼ球状をしている。」などが挙げられるし、「鳥」という概念の内包は、「羽がある。」「卵から産まれる。」などが挙げられる。また、単に内部に包みもっていること、という意味もある。

例 「芸術」は自己表現を内包する。（まとめの中の共通の性質）

哲学・思想

反対語⑤
外延
内包

011

形而上

［けいじじょう］

ゆる語訳

形のないもの

形がなくて、感覚では捉えられず、頭の中だけにしかないものを指す。つまり、精神的なもののこと。
学問の世界には、「形而上学」という分野があるが、人間存在の本質や、宇宙の真理など、形としてははっきり捉えられないものを対象とした哲学的な学問である。

#哲学・思想

例

形而上（形のないもの）のことを考えてもなかなか答えは見つからない。

反対語⑥

形而上	形而下

012

形而下［けいじか］

ゆる語訳

形あるもの

形があり、感覚で捉えられるものを指す。つまり、物質的なもののこと。例えば、水や石、葉などの形があるもののことである。「形而下学」といえば、物理的に形があり、感覚で捉えられるものを対象とした学問のことで、近代以降に隆盛になった自然科学が代表例である。

例 イメージばかりでなく、形而下（形あるもの）の変化にも気づくべきだ。

反対語⑥
形而上
形而下

#哲学・思想

013

本質
［ほんしつ］

ゆる語訳
物事のねっこ

#哲学・思想

哲学では、存在しているそのものの物事の基底をなすもので、変わることがない普遍的なものを指す。

目に見えることはないという点で「本質」は、目に見える「現象（015）」と対比的に扱われることも多い。

また、物事の根本にある性質のこと。【環境問題の本質を考える。】などと用いる。

例 存在に対する問いの答えとなるものが、本質（物事のねっこ）である。

反対語⑦
本質｜実存

014

実存［じつぞん］

ゆる語訳
ひとりの人間！

哲学では、主体的に生きる個々の人間の存在を指す。普遍的な「本質」と個別的な「実存」という点で、対比的に扱われる。単に、存在するものという意味もある。二十世紀に唱えられた「実存主義」は、人間の普遍的な本質を求めたこれまでの哲学に対抗して、人間は元来「自由」で、だからこそ、その不安や孤独と戦いながら、主体的に生きている意味を個々で見出せ、というもの。

例 実存（ひとりの人間！）を追求するため、自ら行動する。

反対語⑦
本質
実存

#哲学・思想

現象
［げんしょう］

ゆる語訳
感覚でわかっちゃうもの、ぜ〜んぶ

哲学では、人間の感覚で捉えられるものを特に意味する。感覚、つまり耳や目だけで捉えられるという点で、表面的・外面的なものという意味合いがある。対義語は、「本体」のほかに「本質」もある。また、人間が経験できる一切の物事で、実際に形になってあらわれるものを指す。「社会現象」「心霊現象」などは、耳慣れた言葉だろう。

#哲学・思想

例
現象（感覚でわかっちゃうもの、ぜ〜んぶ）を丁寧に観察し、データに残していく。

反対語⑧
現象
本体

本体［ほんたい］

ゆる語訳

見えないけどあるもの

#哲学・思想

哲学では、現象の背後にあり、現象を超えて存在するもので、頭の中で考えることはできるが、認識し得ないもののこと。カントは「物自体」とも呼んだ。

例えば、神社という形のある、宗教上の建物がある。しかし、神社の本体である「神」は目に見えるものではなく、頭の中で理解されている。このような「神」を本体という。

例　この神社の本体（見えないけどあるもの）は、神話に出てくる神である。

反対語⑧

本体	現象

先天的

［せんてんてき］

類 アプリオリ

ゆる語訳

最初っから

＃哲学・思想

哲学では、あらかじめ備わっている思考の枠組みをいい、証明の必要がなく当たり前に存在している状態を指すことが多い。例えば、人間は二足歩行するものだという考えは、証明をいちいち必要としない先天的な知識といえる。

また、経験をしなくともあらかじめ備わっていること。簡単にいえば、「生まれつき」ということ。

例 人は、人生が有限であることを、先天的（最初っから）に知っている。

反対語⑨

先天的	後天的

018

後天的

［こうてんてき］

類 アポステリオリ

ゆる語訳

あとから

哲学では、認識などが学習や経験で得られることをいい、事実かどうかを実際に証明して得られた状態を指す。例えば、地球は太陽の周りを回っているという地動説は、近代に入ってから科学者の観察という経験によって証明されたもの。ということは、この地動説は後天的な知識といえる。

また、生まれてから経験を通じて身につけること。

例 それは、調べなければわからない後天的（あとから）な知識だ。

反対語⑨

先天的
後天的

#哲学・思想

個人主義

［こじんしゅぎ］

ゆる語訳

個人が大事！

#哲学・思想

個人の価値を重んじ、その権利と自由を尊重する考え方。欧米では近代に入って個人主義の意識が高まり、現代に至っている。日本でも、特に現代は個人主義的な社会になりつつあることが指摘されている。本来は、一個人として互いに尊重し合うという意味が含まれていたが、最近では各個人が我が道を行き、協働することのないという意味で批判的に使われることもある。

例 最近の日本は、個人主義（個人が大事！）が行き過ぎているのではないか。

反対語⑩

個人主義	全体主義

020

全体主義

［ぜんたいしゅぎ］

ゆる語訳

全体が大事！

個人よりも民族・国家という全体を重んじる考え方で、個人の自由は抑圧される。第二次世界大戦時の日本やドイツ、イタリアでは、軍や特定の政党が政治の全権を握り、戦争に勝つために国家全体の利益を国民一人ひとりの権利よりも優先させた。戦後のいわゆる国民の権利を第一とした、民主主義的な考え方とは対照的なもの。

例

全体主義（全体が大事！）国家では、個人の権利は二の次となる。

反対語⑩

個人主義

全体主義

#哲学・思想

自文化中心主義

［じぶんかちゅうしんしゅぎ］

ゆる語訳

ぼくんとこがいちばん！

#哲学・思想

その国の伝統や歴史、文化などが尊重され、時として他国民や他国に対して排他的な姿勢をとること。「エスノセントリズム」「自民族中心主義」ともいう。評論文では、批判的なものとして扱われることがある。

自らの国家や民族などを至上のものとして統一しようとする思想・運動である「ナショナリズム（民族主義・国民主義・国家主義）」とセットで覚えておこう。

例 極端な自文化中心主義（ぼくんとこがいちばん！）には注意が必要だ。

反対語⑪

自文化中心主義
文化相対主義

022

文化相対主義

［ぶんかそうたいしゅぎ］

一つの文化をいちばんのものとせず、文化には優劣がなくそれぞれの立場を重んじるべきであるという考え方。

他文化への理解を高め、関係性を築くことによって、かえって自文化への理解も高まることがある。他文化との対立を克服し、平和に共生していくうえで大切になる考え方である。

反対語⑪
自文化中心主義
文化相対主義

例 文化相対主義（みんなのとこも、それぞれいちばん！）の視点で、各国の食文化を研究している。

ゆる語訳
みんなのとこも、それぞれいちばん！

#哲学・思想

023

ペシミズム

［ぺしみずむ］

どうせ人生なんて
うまくいきっこ
ないんだ
試験会場
…

ゆる語訳

どうせ無理ゲー！

#哲学・思想

物事を悲観的に考えようとする傾向や態度。この世は悪いことや悲しいことに満ちた世界だと考える人生観と言い換えることもできる。日本語では「**悲観主義**」「**厭世**(えんせい)**主義**」ともいう。悲観的に考える主義の人のことは「ペシミスト」というので、併せて覚えておこう。

例 この作品は、作者のペシミズム（どうせ無理ゲー！）的な心情を表している。

反対語 ⑫

ペシミズム
オプティミズム

オプティミズム

［おぷてぃみずむ］

ゆる語訳

まあイケるっしょ！

物事を楽観的に考えようとする態度や傾向。この世の本質を善であると考えて、人生に明るい見通しをもつような人生観ともいえる。日本語では「楽観主義」「楽天主義」ともいう。楽観的に物事を考える主義の人のことは「オプティミスト」というので、併せて覚えておこう。

例 オプティミズム（まあイケるっしょ！）の考えで前向きに生きよう。

反対語⑫
ペシミズム
オプティミズム

#哲学・思想

一元
［いちげん］

ゆる語訳

大事なものは、ただ一つ！

物事を成り立たせる根本が一つであるということ。一元の「元」を「元＝根本」と考えるとわかりやすい。

哲学において、ただ一つの原理や要素によってあらゆるものを説明しようとする立場を「一元論」という。例えば、「世界は神によってできている。」という考え方は、世界の根本を神だけ（＝一元）と限定しており、「一元論」といえる。

例 西欧文化のみが優れているとするのは、価値の一元化（大事なものは、ただ一つ！）だ。

#哲学・思想

関連語①

- 一元
- 二元
- 多元

026

二元［にげん］

ゆる語訳

すべては二つでできている！

物事を二つの対立する原理に分けること。近代哲学では、「主客二元論〈＝世界を、中心となる「主体」とそれに従属する「客体」に分けて認識するという考え。〉」や「心身二元論〈＝「人間の精神」と「身体」とを分け、人間の本質は精神の方で、身体はそれに従属するという考え。〉」などが生まれ、合理主義とともに主流なものとなった。評論文では、どちらの二元論も、主に批判の対象とされる。

例 二元論（すべては二つでできている！）によって、近代の科学主義がめばえた。

関連語①
一元
二元
多元

#哲学・思想

多元
［たげん］

ゆる語訳
大事なものがたくさん！

#哲学・思想

物事を成り立たせる根本的な要素が複数あること。「一元論」に対し、たくさんの原理や要素によってある物事を説明する考え方を「多元論」という。この考え方によって、人は物事を多面的に捉えることができる。現代においては、「多元主義」として、人としての多様性を認める立場を指すこともある。「多元主義」は、例えば、国民のさまざまな宗教・人種・性的指向などを尊重する立場である。

例
多元的に学ぶことで、視野が広がる。
大事なものがたくさん！

関連語①
一元
二元
多元

028

帰納［きのう］

丼屋ゆるこは
全部おいしい♡
ロコモコ丼
うまい！
カツ丼
うまい
玉子丼
うまい

ゆる語訳

これとそれがAだから、絶対に全部A！

具体的な事柄から、一般的な法則を導き出すこと。

例えば、AさんもBさんもいつも成績がよい。二人を観察していると、二人とも朝早く起きてその日の授業の予習をしていることがわかった。そこで、「朝早くその日の予習をする人」は、成績が向上するという法則を見出（みいだ）した。このような思考を帰納という。

例

複数の実例を観察して、帰納的（これとそれがAだから、絶対に全部A！）に確かな法則を見つけた。

#哲学・思想

関連語②

- 帰納
- 演繹
- 三段論法

演繹
［えんえき］

ゆる語訳
全部Aなら、これもこれも
絶対Aだ！

#哲学・思想

一つの正しい理論を前提にして、一つひとつの具体的な事柄についての判断を推論すること。

例えば、「野菜は栄養たっぷりだ。」という理論があったとする。そうすると、レタスやトマト、にんじんといった個別の具体的な野菜も、「栄養たっぷりだ。」という推論が成り立つ。

例

人間はいつか死ぬことから、演繹（全部Aなら、これもこれも絶対Aだ！）すると、私もいつか死ぬといえる。

関連語②
帰納
演繹
三段論法

三段論法

［さんだんろんぽう］

①
丼屋ゆるこの
メニューは
おいしい！
②
このカレー丼は
丼屋ゆるこの
メニュー
③
このカレー丼は
おいしい

ゆる語訳

Aで、Bなら、当然Cだ！

#哲学・思想

演繹の代表的な方法。大前提・小前提・結論という三つの組み合わせから成る推論の方法である。

例えば、「勉強しないと成績が上がらない。」（大前提）と「成績が上がらないと合格できない。」（小前提）から、「だから勉強しないと合格できない。」（結論）を導くような、順を追って考える推論形式のこと。「彼は食後にいつもコーヒーか紅茶を飲む。今日の食後にはコーヒーを飲んでいない。だから今日の食後には紅茶を飲んでいる。」のような形もある。

例

三段論法（Aで、Bなら、当然Cだ！）によって自分の意見に説得力を与える。

関連語②

帰納
演繹
三段論法

弁証法
［べんしょうほう］

ゆる語訳

意見と反対意見をバトらせてもっといい意見つくる

現実世界を動的に把握するための哲学の思考法の一つ。はじめにある意見に対して、それに対立する反対意見を合わせて、高いレベルで統合していくことで、物事の矛盾を発展的に解消していくもの。

対立する二つの意見を戦わせ、発展的な第三の意見を手に入れることと考えるとよい。

例 矛盾の多い現代社会では、弁証法（意見と反対意見をバトらせてもっといい意見つくる）の思考が大切だ。

#哲学・思想

関連語③

弁証法	ジンテーゼ
テーゼ	アウフヘーベン
アンチテーゼ	

032

テーゼ

［てーぜ］

ゆる語訳

意見

哲学の思考法の一つである弁証法では、最初に、ある意見を出し、その意見と対立する反対意見を出す。そして、この二つの対立する意見の矛盾を解決する形で高いレベルでの意見を手に入れる。

テーゼとは、この「弁証法」で最初に示された、ある「意見」にあたる部分。

例 何か解決したいことがあるならテーゼ（意見）として出してみよう。

関連語③

弁証法　テーゼ　アンチテーゼ　ジンテーゼ　アウフヘーベン

#哲学・思想

033

アンチテーゼ

［あんちてーぜ］

コーヒーのほうがいい！
うーん
ドリンク会議

ゆる語訳

反対意見

「弁証法」といわれる哲学的な思考において、ある意見と対立する反対意見をアンチテーゼという。

「アンチ」は、「アンチエイジング」が老化に対する対策のことを意味することからわかるように、〈〜に反対する〉〈〜に抵抗する〉という意味。

評論文では【○○という時代へのアンチテーゼ。】【○○な社会へのアンチテーゼ。】などという言い方がよくなされる。

例 どんどんアンチテーゼ（反対意見）を出して、よりよいアイディアにしたい。

関連語③

- 弁証法
- テーゼ
- アンチテーゼ
- ジンテーゼ
- アウフヘーベン

#哲学・思想

034

ジンテーゼ

［じんてーぜ］

ゆる語訳
意見と反対意見を合わせた もっといい意見

「弁証法」といわれる哲学的な思考において、ある意見である「テーゼ」と、それに対立する反対意見である「アンチテーゼ」を合わせて、より高いレベルの意見にしたものが「ジンテーゼ」である。

例えば、自動車会社の利益と環境保護の考えが矛盾し対立したときに、二酸化炭素の排出量を抑えたハイブリッドカーが導入された。このような、相反する考えを合わせ、より高いレベルの意見にする思考のことをいう。

例 さまざまな対立を乗り越えて、よりよいジンテーゼ（意見と反対意見を合わせたもっといい意見）を求める。

#哲学・思想

関連語③
- 弁証法
- テーゼ
- アンチテーゼ
- ジンテーゼ
- アウフヘーベン

アウフヘーベン

［あうふへーべん］

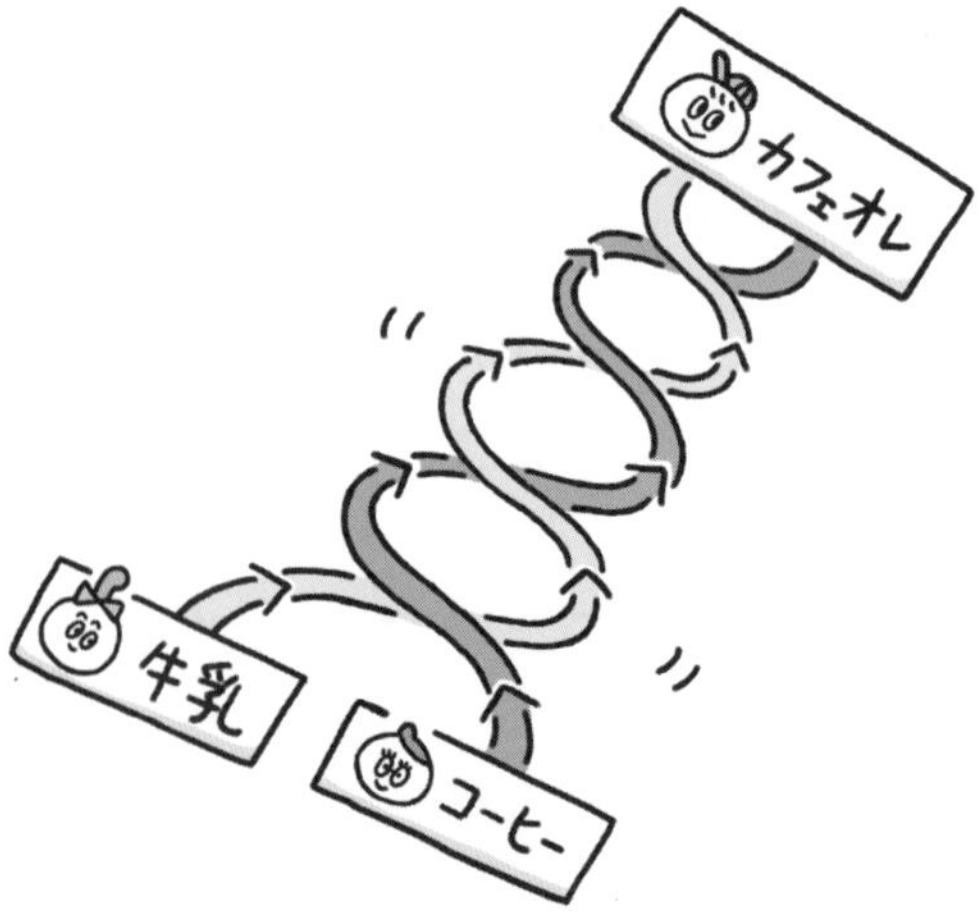

ゆる語訳

意見と反対意見をいい感じにまぜまぜする

＃哲学・思想

哲学の思考法の一つである弁証法において、二つの対立・矛盾する意見や概念を合わせて、高いレベルの意見に統合・発展させることを指す。日本語では、「止揚（しよう）」や「揚棄（ようき）」という。032テーゼと033アンチテーゼをアウフヘーベンすると、034ジンテーゼが生まれると考えればよい。

例 意見が対立したらアウフヘーベン（意見と反対意見をいい感じにまぜまぜする）して解決しよう。

関連語③

弁証法	ジンテーゼ
テーゼ	アウフヘーベン
アンチテーゼ	

甘受

［かんじゅ］

ゆる語訳

しゃーなしに受け入れる

#哲学・思想

やむを得ないものとして、甘んじて受け入れること。言い換えれば、与えられたものをしかたないと思い、そのまま受け入れることである。ポイントは、決して喜んでいるわけではないということ。

甘受する対象は、「苦言」や「逆境」「試練」「（悪い）結果」など、さまざまである。

例 人は運命を甘受（しゃーなしに受け入れる）するしかないのだ。

関連語④

甘受
享受

享受

［きょうじゅ］

ゆる語訳

喜んで受け入れる

受け取って自分のものにしたり、味わい楽しんだりすること。

享受の「享」という字には、ありがたく受け入れるという意味がある。

ポイントは、受け入れて堪能するものは、なにがしかのプラスのものであるということ。その対象は、例えば「名声」「恩恵」など。

例 自然の恩恵を享受（喜んで受け入れる）して暮らしている。

関連語④

甘受
享受

#哲学・思想

直観

［ちょっかん］

ゆる語訳

見えた！

推理や判断などによらず、対象の本質を直接に捉える心の動き。

「直感」よりも、ある程度知識や経験を前提にして対象を捉える意味合いをもつが、どちらもスピード感は一緒。

なお、評論文に出てくるのはだいたいこちらの「直観」なので、しっかり覚えておこう。

例 論理よりは直観（見えた！）で進めるタイプだ。

#哲学・思想

関連語⑤

直観
直感

039

直感

［ちょっかん］

ゆる語訳

ビビっときた！

勘によって瞬間的に感じ取ること。「直観」に比べると、より感覚的に対象を捉えることに用いる。

似た意味の言葉に「第六感〈＝五感を超えて鋭く本質を捉える心の働き。〉」や「虫の知らせ〈＝よくないことが起こるかもしれないと感じること。〉」などがあるので、一緒に覚えておくとよい。

例 どうぞ、直感（ビビっときた！）ですぐに選んでしまってください。

関連語⑤

直観 ｜ 直感

#哲学・思想

対照
［たいしょう］

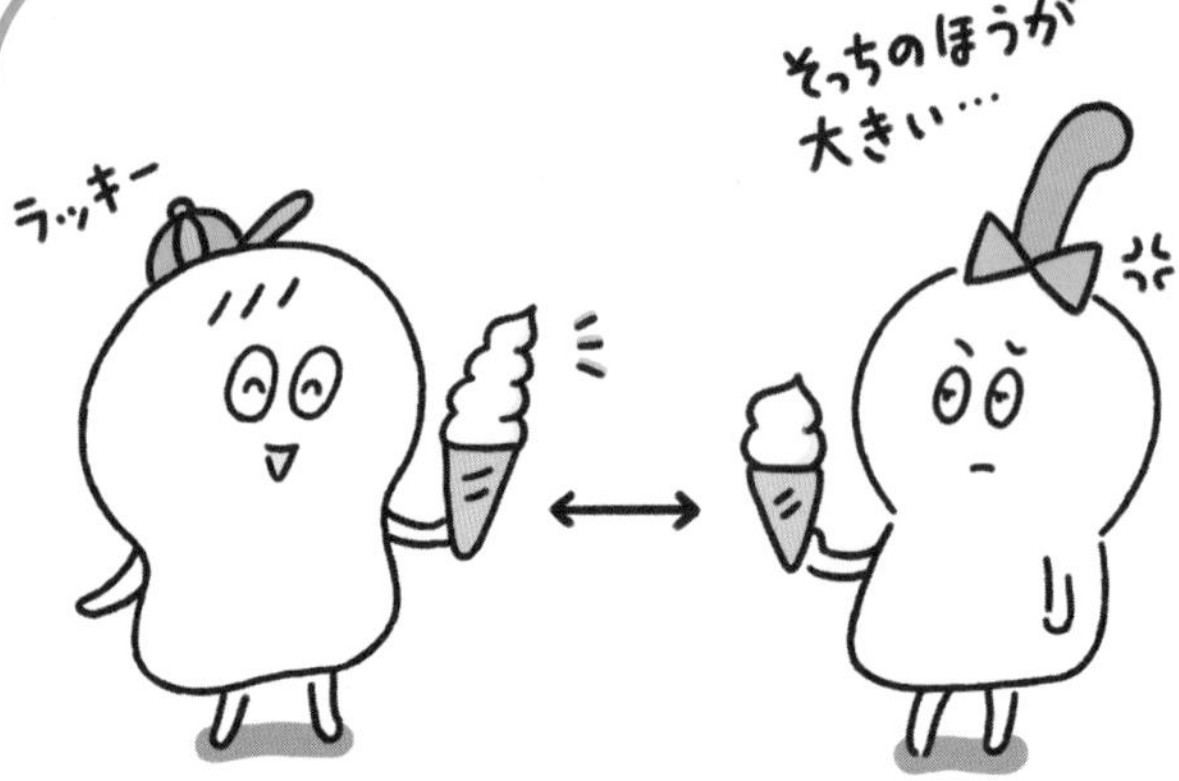

ゆる語訳
全然違う二つ

#哲学・思想

ほかと照らし合わせて比較すること。あるいは、対立する物事を比べたときに、それぞれの特徴がはっきりして違いが目立つこと。「コントラスト」ともいう。評論文では、西洋の文化と東洋の文化など、対照的なものを比べて述べたものが多い。

なお、「対称」は〈図形的に釣り合っている。シンメトリー。〉という意味。

例
Aくんは豪快な力持ちで、Bくんは非力だが細やかな気配りができる。二人は対照的（全然違う二つ）だ。

関連語⑥
対照
対象

対象

［たいしょう］

ゆる語訳

相手

人間の認識や意志が向かう相手。あるいは、利用や適用の範囲になるものも指す。前者は「観察対象」など、後者は「対象年齢は六歳以上」などのように使われる。「対象化〈＝主観などを取り払って客観的に対象を見ること。〉」も、一緒に覚えておくとよい。

例 人間の消費行動が今回の研究の対象（相手）だ。

関連語⑥

対象　対照

#哲学・思想

観照

［かんしょう］

ゆる語訳

作品の美をパッと捉える

#哲学・思想

相手を、主観をまじえず客観的にありのまま観察し、その深い意味を捉えること。もともとは仏教用語だが、芸術論において登場することが多く、その中では、作品の美を直接的に捉えるという意味でも用いられる。038「直観」の美バージョン、というニュアンスで覚えておくとよい。

例

この絵画をありのままに観照（作品の美をパッと捉える）して、何かをつかみたい。

関連語⑦

観照 ｜ 鑑賞

鑑賞［かんしょう］

ゆる語訳

芸術を楽しむ

芸術作品を味わうという意味で用いられる。「鑑」は、〈良し悪しを見分ける。〉という意味ももつ漢字。

同音異義語に「観賞〈＝物を見て楽しむこと。〉」があるが、それとの違いは、「鑑賞」の方が芸術作品に特化している点。「観賞」が楽しむ「物」は、主に自然のものとなる。

例 能楽を鑑賞（芸術を楽しむ）する。

関連語⑦

観照
鑑賞

#哲学・思想

自律

［じりつ］

ゆる語訳

自分に厳しく

ほかからの命令や支配によらず、自分で決めた決まりに従って、自分の気持ちを抑えたり、行動したりすること。人間の内面的な独立を意味する。「律」は、法律の「律」としても使われているように、物事を行うおきて・決まりという意味がある。逆に、ほかからの命令や支配によって行動することは「他律」という。

例

アスリートには、自律（自分に厳しく）の精神が必要だ。

関連語⑧

自律
自立

#哲学・思想

045

自立［じりつ］

他人に依存したり支配を受けたりせずに、独り立ちして存在すること。

「自律」は自身で決めたことに従った行動をすることなので、内面的な独り立ちを意味し、「自立」は他人の存在がなくても存在できるということなので、外面的な独り立ちを意味すると考えられる。

例 親の世話にならず、経済的に自立（一人でできるよ！）してほしい。

ゆる語訳

一人でできるよ！

#哲学・思想

関連語⑧

自律

自立

近代合理主義

［きんだいごうりしゅぎ］

ゆる語訳

理性がいちばん！

#哲学・思想

真実の認識は経験によらず、人間の合理的な思考、つまり144「理性」によってのみ得られるという哲学の考え方で、西洋近代を貫く基礎的なもの。この合理主義は特にフランスやドイツの哲学者によって、近代に入ってから盛んに主張されるようになった。結果として、人間の思考や論理こそ、真理をつかむうえで大切だということになり、科学主義の考え方につながっていく。

例

近代合理主義（理性がいちばん！）によって人間は宗教から解放された。

関連語⑨

近代合理主義
人間中心主義

047

人間中心主義

［にんげんちゅうしんしゅぎ］

ゆる語訳

人間がいちばん！

人間が世界の中心であるという考え方。人間を世界の中心＝主体とし、自然を人間の下部にあるもの＝客体として考えることで成立したもので、西欧近代における主流な考え方。

中世までは人間を自然の一部としていたが、近代では自然と人間を切り離すことで、自然を自分の都合のよいように利用するようになった。

関連語⑨

近代合理主義

人間中心主義

例

科学技術の発展は、人間中心主義（人間がいちばん！）の台頭を助けた。

#哲学・思想

資本主義
［しほんしゅぎ］

ゆる語訳
自由にお金もうけしてOK

\#哲学・思想

人々が自由に物やサービスを生産し、商売することができる社会のこと。ここには前提として自由競争の原理があり、より社会や経済が発展しやすい環境になる。一方で、自由競争が加速すると、商売がうまくいく人や企業もあれば、うまくいかずに倒産などに追いこまれる人や企業も生まれる。結果として、貧富の差が生まれやすくなることになった。

例
資本主義（自由にお金もうけしてOK）の社会は、自由だが、激しい競争にさらされやすい。

関連語⑩
資本主義
共産主義

049

共産主義

［きょうさんしゅぎ］

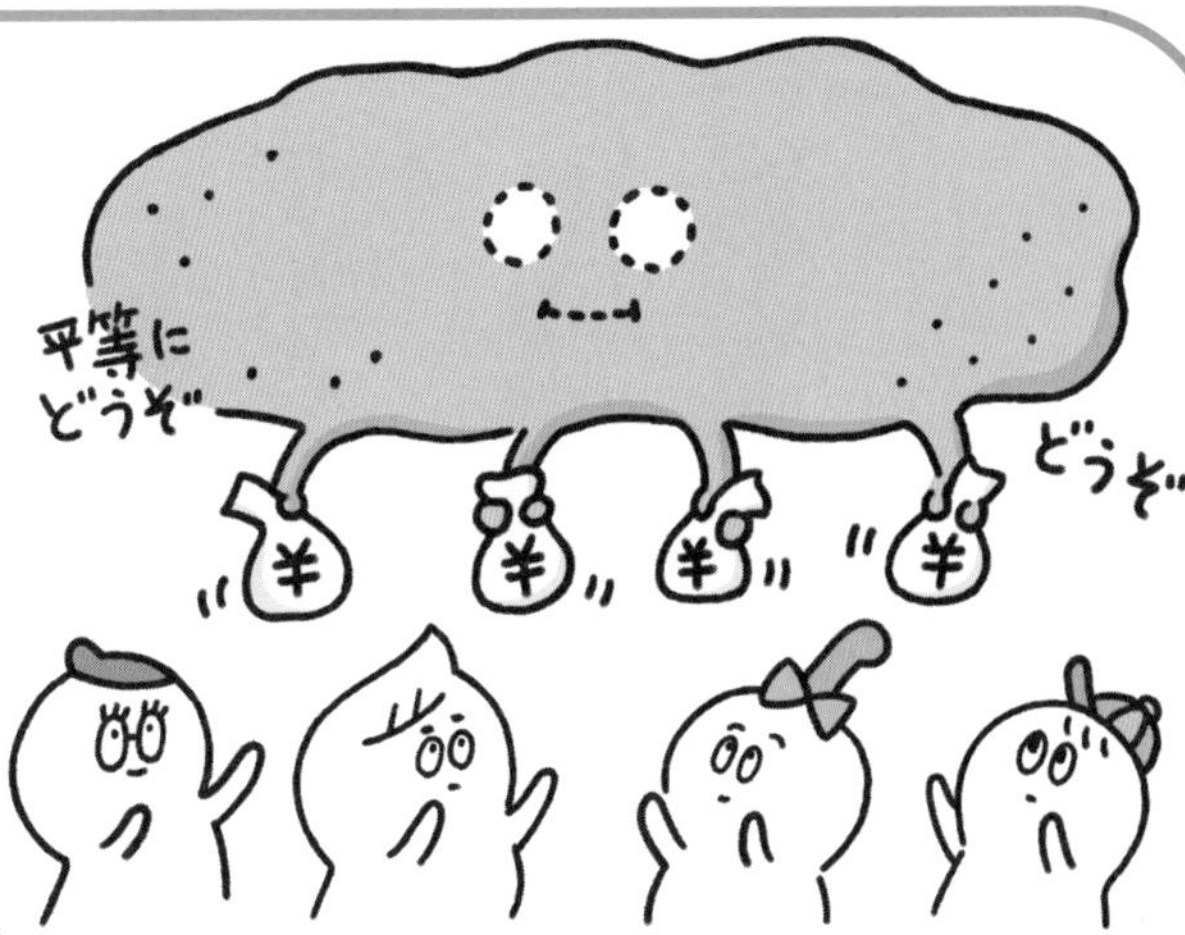

ゆる語訳

稼いだお金はみんなのもの！

社会の財産を共有し、貧富・階級の差のない社会を実現しようという思想や運動のこと。古代ギリシアのプラトンや、十五世紀生まれの政治家のトマス・モアにもみられる思想だが、現代では主にマルクス主義を指す。マルクス主義では、ブルジョワ〈＝資本家〉に雇われたプロレタリアート〈＝労働者〉の解放がめざされた。資本↓主義の打倒↓途中経過としての社会主義↓共産主義と、段階があるとされる。

例 共産主義（稼いだお金はみんなのもの！）によって、格差のない社会がめざされた。

関連語⑩

資本主義

共産主義

#哲学・思想

デモクラシー
［でもくらしー］

ゆる語訳
みんなで決めよう！

#哲学・思想

社会に関わるルールや方針を決めるときに、国民全員がそれに参加すること。かつて古代ギリシアでは、市民全員が話し合いに参加し、政治的な決定を下していたが、現在では、多くの国が選挙制度などを通じて、政治に国民が間接的に参加する形をとっている。デモクラシー〈＝民主主義〉では、さまざまな意見が尊重されるが、最終的には多数決によって意思決定される場合が多い。

例
政治家の強引な介入のせいで、デモクラシー（みんなで決めよう！）がゆらいでいる。

関連語⑪
デモクラシー
ファシズム

051

ファシズム

［ふぁしずむ］

ゆる語訳

オレ様が決める！

一部の政治家や政党が強権的、独裁的に政治を行う体制のこと。多様な考えを認めずに、一部の個人や組織の考えで政治的な決定が下されてしまう。第二次世界大戦時のドイツ・イタリア・日本は、ファシズム的な政治体制をとり、国民一人ひとりの権利よりも国家全体の利益を優先した。

例 ファシズム（オレ様が決める！）の台頭によって、人々の権利が制限されている。

関連語⑪
デモクラシー
ファシズム

#哲学・思想

叙事
［じょじ］

ゆる語訳
そのままお届け

#文化・文芸・芸術

事件をありのままに、客観的に述べること。極端な例を挙げるならば、記録、報告書の類は、客観的な事実を筆者の主観を交えずに書くという性質上、叙事的な文章だといえる。もちろん、文学作品としての叙事的な物語や叙事詩というものもあるが、その多くは英雄物語、古代の伝承など。日本文学史には叙事詩はないとするのが一般的な説である。

例 感想を交えて記録を書きそうになるが、努めて叙事（そのままお届け）に徹する。

関連語 ⑫
叙事
叙情

053

叙情

［じょじょう］

ゆる語訳

気持ちたっぷりでお届け！

#文化・文芸・芸術

自分の感情や主観的な情緒を述べること。叙事との対比でいうと、詩歌や小説の類には叙情的なものが多い。恋を詠んだ和歌などが、その典型例といえる。そういう意味では、現代のポピュラーソングの類の多くは叙情の歌である。歌詞がない音楽でも、聴いていてしんみりした気持ちになったり情感をゆさぶったりするものなどは、叙情的な曲といえる。

例 豊かな叙情（気持ちたっぷりでお届け！）が多くの人の胸を打つ詩だ。

関連語⑫

叙事
叙情

メタファー

［めたふぁー］

ゆる語訳

やんわりたとえると…

#文化・文芸・芸術

隠喩、暗喩。比喩〈＝たとえ〉の中で「例えば」「ような」といった、比喩だとわかる語句を用いたものを直喩というのに対して、それらを用いていないものを隠喩という。「彼は太陽のようだ。」は直喩であるが、「彼は太陽だ。」となれば隠喩となる。現代用語でいうと、「神対応」も、極上の対応を「神」にたとえたメタファー。

例 彼の歩んだ苦難の人生は、「いばらの道」というメタファー（やんわりたとえると…）では表現しきれないほどだ。

関連語⑬

類推……メタファー

055

類推

［るいすい］

類 アナロジー

ゆる語訳
なんか似てるし、きっとこうだ

二つの事柄が共通点をもっていることから、ほかの属性についても同じだろうと推論すること。熟語から、「類〈＝似ているもの。〉」をもって「推」し量ると考えるとわかりやすいだろう。類推では、「Aさんは家庭科部で料理が好きだから、同じ家庭科部のBさんも料理が好きだろう。」などと考える。なお、「比喩」を用いて説明を進めることは、類推の一つの形式である。

例 過去の事例から類推（なんか似てるし、きっとこうだ）して、今後を推し量る。

関連語⑬
類推 ｜ メタファー

#文化・文芸・芸術

ロマン主義

［ろまんしゅぎ］

ゆる語訳

感情に身を任せよう

#文化・文芸・芸術

十八世紀末から十九世紀にかけてヨーロッパで展開した思潮。自由な空想の世界に憧れ、個性を重んじ、知性より感情の優越を強調した。ロマンチシズム。普遍的、理性的なものを重んじる古典主義に対立するものとして発展。音楽の世界ではベートーベン以降に隆盛した。現代では、単に非現実的で夢や空想の世界に憧れ、感傷的な情緒を好む、つまりロマンティックなものに憧れる傾向のこともいう。

例 ロマン主義（感情に身を任せよう）作品の、愛のストレートな表現が好きだ。

関連語 ⑭

ロマン主義
写実主義

057

写実主義

［しゃじつしゅぎ］

類 自然主義

ゆる語訳

リアルに描こう

#文化・文芸・芸術

自然や人生のありのままの姿を、主観をまじえず、忠実に描写しようとする芸術上の立場。リアリズム。現実を理想化したり非現実の空想を描いたりするロマン主義への反動として起こった芸術様式である。客観的に見た現実の表現を重視する。日本の文学史では、坪内逍遥（つぼうちしょうよう）の『小説神髄』が、この写実主義を重んじる小説論として近代文学に大きな影響を与えた。十九世紀後半、ゾラの提唱でフランスを中心に起こった自然主義も、一種の写実主義。

例 写実主義（リアルに描こう）の文学は、ロマンチストの私には少し物足りない。

関連語 ⑭

ロマン主義
写実主義

第2章

読解に役立つ148語

#哲学・思想

58 暗示［あんじ］

それとなくわかるように示すこと。

59 塩梅［あんばい］

物事や身体の具合・様子。また、物事の様子を踏まえた対応。

60 一義的［いちぎてき］

①一つの意味しかない様子。対義語は「多義的」。②根本的。

61 イメージ［いめーじ］

心の中に姿形を思い浮かべること。

Point

59「塩梅」には、料理の味加減という意味も。61「イメージ」は、日本語で「おもかげ」などともいう。「イメージアップ」「イメージチェンジ」などと使い、現実に形があるわけではないことに注意する。

62

インテリゲンチャ

［いんてりげんちゃ］

知識階級。知識人。

63

ウイット

［うぃっと］

臨機応変に気の利いたことを言う才知。

64

臆説

［おくせつ］

事実に基づかずに、推測で述べる意見。

65

オリジナル

［おりじなる］

①独創的。②原型。

Point

63「ウィット」は、日本語では「機知」「とんち」など。

65「オリジナル」は、もとの原型を意味し、演劇や映画などのもとになった作品なども「オリジナル」ということがある。

66
懐疑
［かいぎ］

物事の真理・価値などについて、疑いを抱くこと。

67
開眼
［かいげん］

芸道・技術の道などの真髄を身につけること。

68
改竄
［かいざん］

文書などの文字や内容を、悪意をもって故意に書き換えること。

69
画一
［かくいつ］

何もかも同じ形・性質にそろえること。

Point

67 「開眼」は、「開眼供養」など、新しい仏像に目を入れる仏教の儀式にも使われる。「かいがん」ともいう。 69 「画一」は、「画一化」や「画一的」などと用い、〈個性が無視された変化のない様子。〉を表す。

70
喚起
［かんき］

注意や行動などを呼び起こすこと。

71
還元
［かんげん］

元の状態や元の形などに戻すこと。

72
感性
［かんせい］

外からの刺激によって何らかの刺激を受ける直感的な能力。

73
陥穽
［かんせい］

落とし穴。

Point

71 「還元」は、【利益を地元に還元する。】など、結果的に得られたものを元の場所に戻す意味にも使われる。
72 「感性」は、哲学では「知性」と対比されることが多い。ともに外界のものを認識する能力だが、性質が異なる。

74
含蓄
［がんちく］
表現に深い意味があること。

75
観点
［かんてん］
物事を観察・考察するときの基になるその人の立場。

76
記号
［きごう］
ある意味や内容を表すためのしるし。

77
規範
［きはん］
行動や判断のよりどころになる手本。

Point

75「観点」は、「パースペクティブ」とも。76「記号」は、評論文では音声・文字・身振りなど、コミュニケーションにおいて意味を伝えるもの全般を指す。77「規範」は、従うべきルールのようなもので、評論文では頻出の語。

78
詭弁
［きべん］
こじつけ。ごまかしが巧みな議論。

79
矜持
［きょうじ］
自分の力や才能などに対して抱く誇り。

80
共時的
［きょうじてき］
時間の変化を考えず、特定の時間内のことを記述するさま。

81
極限状態
［きょくげんじょうたい］
物事が進んで、それ以上はない最後の状態。

78「詭弁」には、〈一見正しそうだが実際は成立しない議論。〉という意味も。80「共時的」は、評論文では同じ時間の中である空間や場を共有する人やもののつながりを意味する場合が多い。

82
禁忌
［きんき］

してはならないとして、忌み嫌うこと。タブー。

83
薫陶
［くんとう］

優れた人格で人を感化し、教育すること。

84
契機
［けいき］

①きっかけ。②事物を構成する際に不可欠な要素や条件。

85
警句
［けいく］

真理を突いた優れた言葉。「格言」や「金言」ともいう。

Point

83「薫陶」は、【先生の薫陶を受ける。】などと用いる。目上・格上の人間が、目下・格下の人間に対して行うものである。84「契機」は、哲学では〈物事が発展するときに必ず通る一段階。〉という意味もある。

86
迎合
［げいごう］

相手の気に入るように、自分の態度や考えを変えること。

87
啓蒙
［けいもう］

知識の乏しい人々を、新しい知識で導くこと。

88
現在
［げんざい］

今。過去と未来をつなぐ時間の一点。

89
コード
［こーど］

①規則。②記号。暗号。

Point

86「迎合」は、よい意味では使われない。87「啓蒙」の「啓」は教え導くの意味で、「蒙」は道理の通じない愚かな者を意味している。89「コード」は、ある特定の集団の中で理解される暗号のようなもの。

90
個性
［こせい］

その人・物だけに備わった特有の性格・性質。パーソナリティー。

91
悟性
［ごせい］

論理的に物事を考える能力。

92
誤謬
［ごびゅう］

①誤り。②誤った推論などが生じた説明の際に、その推論を指す。

93
コンセプト
［こんせぷと］

①根本の考え方。②ねらい。

Point

91「悟性」は、哲学では感性と対比的に扱われる。理性と感性の間くらいだと考えるとよい。92「誤謬」は、特に、論理的な誤りのことを指す場合が多く、そうした主張を78「詭弁」という。

94 コンテクスト［こんてくすと］

①文章の前後の関係。文脈。
②背景。

95 コンプレックス［こんぷれっくす］

①心の中にある、複合的に色づけされた感情。②劣等感。

96 差異［さい］

ほかのものとの違いや隔たり。

お買物
おねがいね
たすかるー
おっけー

Point

95「コンプレックス」は、①の意味だと「ブラザー・コンプレックス」などを思い浮かべるとわかりやすいだろう。②の意味の場合は、自分が劣っているという感情のことで【足が遅いことがコンプレックスだ。】などと用いる。

97

錯綜

［さくそう］

複雑に入り組んでいること。

98

座視

［ざし］

黙って見ているだけで積極的に関わらないこと。

99

刷新

［さっしん］

これまでの悪い点を改め、新しくすること。

100

思惟

［しい］

論理的に考えること。「しゆい」と読む場合は仏教用語で、考えを巡らすこと。

Point

101 「恣意」に関して、「言葉の恣意性」という用語がある。言語の音声と意味の結びつきが、実は必然ではないことを意味する。「犬」という存在は「イヌ」ではなく、「ワン」や「ポン」と呼んだって良かったのかも。

101
恣意
［しい］
自分だけの勝手な考え。思うままに振る舞う心。

102
自意識
［じいしき］
自分自身についての意識。

103
次元
［じげん］
①面・空間の広がりを表すもの。
②物事を考える場合の立場。

104
示唆
［しさ・じさ］
それとなく示すこと。ほかのものによってほのめかすこと。

105
思索
［しさく］
真理を求めて深く考えること。思惟。

103「次元」の②の意味の場合は、【彼と私とでは次元が違う。】などと用いる。104「示唆」の類義語には58「暗示」がある。105「思索」は【思索にふける。】のように用いる。

106
実在
［じつざい］

実際に存在すること。

107
実体
［じったい］

①本当の姿。正体。②多様に変化するものの根底にある、変化せず持続的なもの。

108
シニカル
［しにかる］

冷笑的。相手をさげんすんだりばかにしたりする態度。皮肉な。

109
思弁
［しべん］

経験によらず、頭の中で論理的に考えること。

Point

107「実体」は、かつて西洋哲学では基本概念として扱われ、116「属性」とともに考察されてきた。109「思弁」には、経験によらず頭の中で考えるため、現実の事象を踏まえられていない思索という否定的な意味もある。

110 所与［しょよ］

与えられることや、与えられたそのもの。

111 省察［せいさつ］

自分のことを振り返って、よく考えること。

112 摂理［せつり］

自然界を支配している法則。

113 前提［ぜんてい］

ある事柄が成立するために必要な条件。

110「所与」は、〈ある問題を解決するために与えられた必要な前置き。〉という意味ももつ。哲学では、〈思考する前に意識に与えられるもの。〉という意味。112「摂理」は、キリスト教では〈神の意志（のある計画）。〉という意味。

114 先入観［せんにゅうかん］

あらかじめ作り上げられている固定的な考え。

115 相克［そうこく］

互いに相手に勝とうとして二つのものが争うこと。

116 属性［ぞくせい］

その物が本来もっている性質で、属性があって初めて実体がある。

117 齟齬［そご］

意見や物事が食い違って、うまくいかないこと。

114「先入観」は、自由な思考を妨げる考えというマイナスの意味をもつ。「固定観念」と似た意味。 115「相克」の「克」には、打ち勝つという意味がある。例えば「克己心」なら、自分（の弱さ）に打ち勝つ心という意味。

118 **措定** ［そてい］

あるものの存在を肯定し、その内容を規定すること。

119 **退廃** ［たいはい］

①勢いなどが衰えること。②道徳が乱れて不健全になること。

120 **他者** ［たしゃ］

ほかの者。自分以外の者。

121 **端的** ［たんてき］

①わかりやすく、はっきりしている様子。②要点だけを捉える様子。

120「他者」の承認によって、自己が形成されるという論調は、評論文に多い。121「端的」の②の意味の場合、【端的に言えば〈＝手っ取り早く言えば〉彼は天才だ。】などと用いる。

122

通時的
［つうじてき］

関連し合う現象などを、時間的な流れに沿いながら記述するさま。

123

デリケート
［でりけーと］

①繊細。②簡単に形勢が変わりそうで扱いが難しい様子。

124

典型
［てんけい］

同類の中で、最もその特徴を表しているもの。

125

洞察
［どうさつ］

物事の奥底や本質までをも見抜くこと。

Point

122「通時的」は、80「共時的」の対義語として働く。セットで覚えておこう。スイスの言語学者ソシュールの用語である。124「典型」は、単に〈規範〉という意味でも使われる。

126
陶冶
［とうや］

人格などを鍛えて、一人前に育てること。

127
特殊
［とくしゅ］

特定のときに、特定の人や物にのみ成り立つこと。

128
独善
［どくぜん］

自分一人が正しいと思っていること。独りよがり。

129
捏造
［ねつぞう］

実際にないことを、いかにもあるように偽って作り上げること。

126「陶冶」は、例えば【人格の陶冶。】などと用いられ、学校の校訓になることも多い。127「特殊」は、「一般」や136「普遍」と対立する概念で、ある特定の場合にのみ成立することを意味する。

130
破綻
［はたん］

物事がうまくいかなくなること。

131
卑近
［ひきん］

身近でわかりやすいこと。

132
標榜
［ひょうぼう］

主義・主張などを、公然と掲げること。

133
俯瞰
［ふかん］

①高いところから見おろすこと。
②広い視野で考えること。

Point

131「卑近」は、【卑近な例で説明する。】などと用い、身近なこと、俗っぽいことを意味する。132「標榜」は、もともとは〈善い行いを記した札を門の前に掲げる。〉という意味。133「俯瞰」は、「鳥瞰［ちょうかん］」の同義語。

134
不条理
［ふじょうり］
物事の筋道が通らないこと。

135
不世出
［ふせいしゅつ］
めったに世にあらわれないほど、優れていること。

136
普遍
［ふへん］
全体に広く行き渡ること。あまねくすべてのものに及ぶこと。

135「不世出」は、単に世に出ないという意味で覚えないこと。読み方も合わせてしっかり覚える。136「普遍」の「遍」は、もれなく行き渡るという意味。「編」や「偏」という別の意味の漢字と混同しないようにする。

137
偏在
［へんざい］

偏って存在すること。

138
遍在
［へんざい］

広く行き渡って存在すること。

139
保守
［ほしゅ］

伝統を守って、急激な改革に反対する立場。

140
蔓延
［まんえん］

はびこり広がること。

Point

137「偏在」と 138「遍在」は、漢字が一つ違うだけで正反対の意味になる。「偏」は、〈一部に偏る。〉の意味。「遍」は〈広く行き渡る。〉の意味。 139「保守」の対義語は、「革新」。政治や思想の分野で使われる。

141
無機
［むき］

（鉱物などのように）生活機能がないこと。

142
有機
［ゆうき］

（動植物などのように）生活機能があること。

143
リスク
［りすく］

損害を受ける危険。

141「無機」は、機械のように一つ一つのパーツが取りかえ可能で解体できる状態や、人間らしさのない様子を表すこともある。142「有機」は、「無機」の逆で、パーツが密接につながって構成されている状態も指す。

144 理性

［りせい］

論理的に思考し判断する能力。近代合理主義で最重要視されたもの。

145 理知

［りち］

理性と知恵のこと。論理的に思考し判断する能力。

146 理念

［りねん］

どうあるべきかについての究極の目標。

147 理不尽

［りふじん］

理屈に合わないこと。またそれを無理に押し通そうとすること。

144「理性」は、「感性」や「感覚」と対照的なものである。近代以降、理性に基づく科学技術が隆盛した。その結果、合理性や生産性が重んじられるようになり、ゆとりのない社会が構成されたともいえる。

148

凌駕

［りょうが］

相手をしのいで、相手よりも上に出ること。

149

論理

［ろんり］

議論や考えを進めていくときの筋道。

Point

149「論理」の「理」は、「ことわり」と読むこともあり、筋の通った様子やもっともなことを意味する漢字。「理」は、誰もが納得する筋道をたどった議論や考えなどを指す。

#文化・文芸・芸術

150
アバンギャルド
［あばんぎゃるど］

前衛派。伝統を否定して最も新しい芸術を生み出そうとした運動。

151
アンニュイ
［あんにゅい］

物憂く、けだるいこと。倦怠。フランスの詩人・ボードレールやランボーなどの作品に、この気分が流れている。

152
意匠
［いしょう］

芸術作品や製品・工芸品・商品などを美しく見せるための表現上の工夫。デザイン。

Point

150「アバンギャルド」は、美術、音楽などさまざまな芸術分野にわたるが、日本の芸術家としては岡本太郎が有名。
152「意匠」は、身近な例でいうと新商品のパッケージデザインの工夫など。

153
韻律
［いんりつ］

詩歌の言葉の音の強弱・高低・長短、音節数の組み合わせから生じる美的な効果、リズム。

154
エッセイ
［えっせい］

随筆、随想。著者の体験、感想、意見などを思いつくままに書いたもの。

155
エピソード
［えぴそーど］

本筋とは関係なくはさみこまれる短い話。挿話。

156
エピローグ
［えぴろーぐ］

芸術作品の最後の部分、場面。

Point

153「韻律」の例としては、和歌・短歌の五・七・五・七・七、俳句の五・七・五。156「エピローグ」は、小説や演劇に限らず、一般的な事件のてんまつなどにも使われる語。対義語は 194「プロローグ」。

157
エロチシズム
［えろちしずむ］
性愛・情欲を呼び起こすようなもの。

158
婉曲
［えんきょく］
遠回しに言うこと。

159
オノマトペ
［おのまとぺ］
擬声語と擬態語。

160
格調
［かくちょう］
芸術作品の高い品格。

157「エロチシズム」は、俗語「エロい」の語源。159「オノマトペ」は、例えば犬の鳴き声「ワンワン」、風の吹く音の「ビュービュー」、よく滑る様子を表す「つるつる」など。160「格調」は「格調高い」という形でよく用いる。

161
感傷的
［かんしょうてき］
悲哀の感情にとらわれがちな様子。センチメンタル。

162
官能的
［かんのうてき］
性的感覚を刺激する様子。

163
擬人化
［ぎじんか］
比喩表現の一種。人間でないものを人間に見立てて表現すること。

164
虚構
［きょこう］
作りごと。フィクション。文学用語としては小説を指す。

Point

163「擬人化」は、文章表現では【おひさまが笑う。】などの比喩表現。絵画では『鳥獣戯画』が擬人化の代表的な例といえる。164「虚構」は、【この世は虚構だ。】などのようにも使われる。

165

クライマックス［くらいまっくす］

いちばん盛り上がる場面。最高潮。

166

コント［こんと］

風刺と機知に富んだ小話。滑稽な寸劇。

167

サスペンス［さすぺんす］

不安感や緊張感のある筋書き。

168

シチュエーション［しちゅえーしょん］

場面や、主人公の置かれた状況。

Point

167「サスペンス」は、映画やドラマにおける、事件が起こる推理ものだけのようにイメージされるが、本来は、はらはらドキドキするようなもの全般。

169

ジャンル

［じゃんる］

芸術作品の形態、内容の種別。

170

シュールレアリスム

［しゅーるれありすむ］

超現実主義。

171

常套

［じょうとう］

決まりきったやり方。

172

シンメトリー

［しんめとりー］

左右対称。

Point

169「ジャンル」は、文芸作品のホラー、コメディなどの区分。170「シュールレアリスム」の代表的な画家は、サルバドール・ダリやマルク・シャガールなど。171「常套」には、「常套句」「常套手段」などの使い方がある。

173
スケール
［すけーる］
大きさ。規模。

174
センセーション
［せんせーしょん］
①世間で大評判になること。
②気持ち。

175
造化
［ぞうか］
天地万物。宇宙や自然。

176
造形
［ぞうけい］
形あるものを作ること。

173「スケール」は、もともと物差し、分度器など長さや角度を測る道具のこと。175「造化」は、天地や万物を創造することという意味から転じて、創造されたものを指す。また、それを創り上げた神自体も指す言葉。

177
造詣
［ぞうけい］
芸術などについての深く広い理解や知識のこと。

178
創作
［そうさく］
新しいものを作り出すこと。

179
創造
［そうぞう］
自分の力で今までにない独自のものを作り出すこと。

180
素材
［そざい］
もとになる材料。特に芸術作品を作るときの材料。

Point

177「造詣」は、【彼は音楽に対する造詣が深い。】などと用いる。179「創造」は、英語でいえばcreate。「製作」（make）と違って、今までにないものを作り上げるというニュアンスで、「創造」の方がよりクリエイティブである。

181

ダダイズム

［だだいずむ］

伝統的な芸術を否定し、既存の価値を破壊しようとする運動。

182

直喩

［ちょくゆ］

比喩表現の一種で、「～のようだ」といった表現を使ってたとえるもの。明喩。

183

デカダンス

［でかだんす］

退廃的、耽美的、芸術至上主義的な文学・芸術の傾向。

184

デフォルメ

［でふぉるめ］

わざと誇張したり変形したりして表現すること。

Point

181「ダダイズム」は、第一次世界大戦後に興った芸術運動。182「直喩」は、054メタファー（隠喩）との違いをしっかり押さえておくこと。

185
倒錯
［とうさく］

正常とされるものがひっくり返って正反対の状態になること。

186
ドキュメンタリー
［どきゅめんたりー］

ありのままをそのまま記録するもの。

187
ニュアンス
［にゅあんす］

色合い、音調、感情などの微妙な違い。

188
パロディー
［ぱろでぃー］

有名な作品をもじって滑稽化したもの。

Point

187「ニュアンス」は、だいたい同じだけれど微妙に違う感じ。単なる赤と深紅の違いなど。188「パロディー」の例としては、江戸時代に『伊勢物語』を面白おかしい話にした『仁勢(にせ)物語』などがある。

189
非人情
［ひにんじょう］
①思いやりがなく冷淡なこと。
②義理人情を超越し、それに煩わされないこと。

190
描写
［びょうしゃ］
ありさまや感じを描き出すこと。言葉に限らず、音楽や絵画などによっても描き出すことができる。

191
伏線
［ふくせん］
あとに述べようとすることに備えて、それに関する事柄を先に匂わせておくこと。

192
プロット
［ぷろっと］
小説などの筋。構想。

Point

191「伏線」は、「伏線を張る」という形でよく用いられる。最近では、あとに述べられたことで先の伏線が生かされることを「伏線回収」などともいう。192「プロット」は、作品の設計図にあたるもの。

193

プロレタリア文学

［ぷろれたりあぶんがく］

労働者（プロレタリアート）の立場でその思想や現実を描く文学。

194

プロローグ

［ぷろろーぐ］

作品の前置き。物事の始まり。もともとは劇の始まりの前口上のことを指す。

195

文芸思潮

［ぶんげいしちょう］

文芸分野での思想の傾向を歴史的に捉えたもの。

196

ポスト・モダン文学

［ぽすと・もだんぶんがく］

近代文学に反する文学。

193「プロレタリア文学」は、1917年のロシア革命後、ロシアで誕生した。日本における代表的な作家は小林多喜二、徳永直など。194「プロローグ」の対義語は156「エピローグ」。

197 マンネリズム

［まんねりずむ］

同じやり方の繰り返しで、新鮮味や独創性がないこと。

198 メルヘン

［めるへん］

おとぎ話。童話。

199 メロドラマ

［めろどらま］

恋愛中心の通俗的な大衆劇。

200 モノローグ

［ものろーぐ］

独白。演劇などで相手なしに一人でいうせりふ。

Point

197「マンネリズム」は、「マンネリ」「マンネリ化」といった形でおなじみ。199「メロドラマ」は、元は大衆向けの音楽入りの劇のこと。200「モノローグ」の語源は、「mono（ひとつの）＋logue（ことば）」。

201 **模倣** ［もほう］
ほかのものの真似をすること。

202 **ユーモア** ［ゆーもあ］
気の利いたしゃれ。上品な滑稽味。

203 **ユニーク** ［ゆにーく］
独特。特異。

204 **リアリズム** ［りありずむ］
写実主義。現実主義。

205 **リリシズム** ［りりしずむ］
叙情的な趣。

Point

203「ユニーク」は、「面白い」という意味で使っている人が多いが、実際には、ほかとは異なる独特なさまを表す。

204「リアリズム」は、一般に現実や実際を重んじる立場のこともいう。

第3章
理解を深める105語

アイデンティティー

［あいでんてぃてぃー］

ゆる語訳

いつでも変わらん自分らしさ

#哲学・思想

「自分が本当に自分らしく存在している」という意識のこと。例えば、野球部に所属して日々練習に取り組む自分に、本当の「自分らしさ」を感じていれば、それがその人のアイデンティティーとなる。また、アイデンティティーは社会での他者との関係から見出（みいだ）されることもある。例えば、仕事などのような社会的役割、つまりその人の存在意義や存在理由になりそうなものも指す。

例　この外向的な性格は、私のアイデンティティー（いつでも変わらん自分らしさ）だ。

207

アナーキー

［あなーきー］

ゆる語訳

政府がなくて大混乱！

無政府状態のこと。あるいはこれまでの権威的な存在が否定された無秩序な状態を指す。戦争や革命によって政府が崩壊し、新たな政治機構があらわれない無秩序な状態として否定的な意味をもつ。一方で、既存の政治権力、法律や規則に縛られずに、個人の自由や独立が尊重される状態も指すことがある。例えば【アナーキーに生きる。】といえば、常識に縛られずに生きるという意味にもなる。

例 革命の結果、政府が崩壊しアナーキー（政府がなくて大混乱！）な状態が続いている。

#哲学・思想

関 208

アナーキズム

［あなーきずむ］

無政府主義。一切の政治権力を否定し、個人の完全な自由と独立が保障された社会をめざす主義。

209

概念
［がいねん］

ゆる語訳

誰が見ても同じ！

#哲学・思想

対象となるいくつかの事物から共通の要素を抜き出し、それらを総合して得たイメージのこと。例えば、「硬い」という概念は、石や岩などいろいろな物に触って得られるもの。つまり概念は、さまざまな事物についてはっきりと思い浮かべられる、誰から見ても納得できるような考えを指す。または、単純に、事物について一般的に思い浮かべられる意味や内容、イメージのこと。

例 不安の概念（誰が見ても同じ！）を定義するのは難しい。

210 関

概念化
［がいねんか］

物事を捉える場合、個々の特殊性を取り上げず、共通した性質だけを取り出して概念として見る様子。

211

観念

［かんねん］

ゆる語訳

考え

ある物事を意識したときに心にあらわれる、自分の考えによったイメージのこと。概念と同じく、ある物や事柄に対して心の中で思い描いた何らかのイメージや考えを指すが、概念よりも曖昧でぼんやりした個人的なものである。「固定観念」という語があるように、その人が抱いた自分だけの考え方という意味で使われることもある。または単純に、人が抱く考えや意識という意味でも使われる。

例 約束を守るという観念(考え)がない人に何を言っても無駄だ。

#哲学・思想

関 212

観念的

［かんねんてき］

具体的な事実から離れ、頭の中だけの考えに偏る様子。

依拠

［いきょ］

ゆる語訳

○○によると…

#哲学・思想

自分の考えや意見を相手に伝えるときに、相手に納得してもらうために、理由づけをしたり根拠を示したりするが、このように、理由や根拠に基づき、よりどころとすることを「依拠する」という。

なお、「根拠」も〈よりどころ〉という意味だが「根拠する」という言い方はできない。「準拠」は〈よりどころとして、それに従うこと。〉という意味になる。

例 明確なデータに依拠（○○によると…）して発表する。

214

因果
［いんが］

ゆる語訳
だから!

原因と結果のこと。近代ヨーロッパの科学者・哲学者たちは、運動・変化の本質をその「因果関係」に求め、あらゆる理論や法則を見(み)出(いだ)した。また仏教の考えとして、すべての物事は、前の行いによって後の運命が決まるという考え方もある。特に、前世に犯した悪い行いの報いとしてあらわれる不幸なことを指す。

例　事件の因果関係(だから!)を丁寧に調べていく。

関 215

因果律
［いんがりつ］

すべての現象には必ず原因があり、同一の原因からは同一の結果が生じるという原理。

#哲学・思想

216

イデア
［いであ］

ゆる語訳
現実にはない理想の形

#哲学・思想

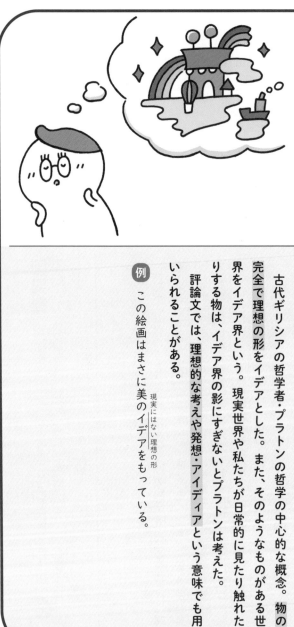

古代ギリシアの哲学者・プラトンの哲学の中心的な概念。物の完全で理想の形をイデアとした。また、そのようなものがある世界をイデア界という。現実世界や私たちが日常的に見たり触れたりする物は、イデア界の影にすぎないとプラトンは考えた。評論文では、理想的な考えや発想・アイディアという意味でも用いられることがある。

例
この絵画はまさに美のイデア（現実にはない理想の形）をもっている。

イデオロギー

［いでおろぎー］

ゆる語訳

○○主義

政治や社会などの分野では「○○主義」という言葉がよく見られる。例えば、政治の分野では「民主主義」、経済の分野では「資本主義」などがある。こうした、**政治や社会における特定の傾向をもった考え方、思想**をイデオロギーという。

ドイツの哲学者・マルクス以降は、往々にして政治的な力をもち、人々を動かす力をもつ特定の傾向をもったものを、イデオロギーとして扱うことが多い。

例 政党ごとに特定のイデオロギー（○○主義）をもっている。

#哲学・思想

ロゴス

［ろごす］

30分後に夕食
したがって
今おやつを食べるべきではありません

ゆる語訳

理性による活動

#哲学・思想

人間の理性から発した諸活動のこと。例えば、言葉・論理・思想・概念などの意味をもつ。

人間にはさまざまな情報を基にして、物事を正しく理解する「理性」がある。個人的な感情に振り回されずに働くしっかりした思考といってもよい。そのような「理性」から生まれた人間の言葉・考えなどを、古代ヨーロッパの哲学者たちは「ロゴス」と呼んだ。

例

ロゴス（理性による活動）によってこの世界を正しく理解する。

乖離［かいり］

ゆる語訳

残念ながらバイバイ

単純に、離れること。本当であれば近くにあるべきものが離れてしまうという意味を含むので、残念ながら互いに離れてしまった、という意味合いで使われる。

評論文では、「政治家の考えと国民の考え」、「政策と実態」、「理想と現実」などが乖離しているものとして、取り上げられることが多い。

例 理想と現実との乖離（残念ながらバイバイ）が甚だしい。

#哲学・思想

220

蓋然性
［がいぜんせい］

ゆる語訳
たぶんそうだろうなあ度

#哲学・思想

「蓋然」とは、たぶんそうなるだろうという意味。よって「蓋然性」とは、ある事柄がたぶん起こるだろうという度合いを表す。例えば、【蓋然性が高い。】といえば、その事柄が起こる可能性が高いという意味になり、【蓋然性がある。】といえば、その事柄が起こる可能性があるという意味になる。

例 この映画がヒットする蓋然性（たぶんそうだろうなあ度）は高い。

221 関

必然性
［ひつぜんせい］

必ずそうなると決まっていて、そうなる以外にあり得ないこと。

222

カテゴリー

［かてごりー］

ゆる語訳

同じグループ

物事や考えをその性質によってグループに分けたときのそのグループ一つ一つをカテゴリーという。例えば、学問の世界には、歴史を研究対象とする「歴史学」というカテゴリーがあり、日本の歴史は「日本史」、西洋の歴史は「西洋史」などとさらに細かいカテゴリーがある。こうしたカテゴリーは、人間が物事や考えを認識するときの基本的な枠組みとなっている。

例　この本は内容からして「経済」のカテゴリー（同じグループ）に入る。

#哲学・思想

類 251

範疇

［はんちゅう］

➜p138

カテゴリーと同じ意味。物事や考えを性質によって分類したもので、物事や考えを認識する基本的な枠組み。

223

逆説
［ぎゃくせつ］

ゆる語訳
逆っぽいけど、合ってる

#哲学・思想

一見すると真理に反しているようで、よく考えると真理を含んでいる説のこと。例えば、「負けるが勝ち」という言葉がある。進んで負けよというのは、一見すると真理に反している気がする。しかし、負けて相手に譲ることで、無理に争わないことが結局は勝利をもたらす、という意味だから、正しいことを言っているのである。このように、慣用句・ことわざ・格言に、逆説的な表現は多い。

例
逆説的（逆っぽいけど、合ってる）だが、いいかげんにやるほど事はうまく進む。

224 類

パラドックス
［ぱらどっくす］

「逆説」と同じ意味。

225

欺瞞［ぎまん］

ゆる語訳

だまし

人をだますという意味。「欺」は〈巧妙に人をだます。〉という意味をもつ漢字。「瞞」は〈目を覆って見えなくする。〉という意味をもつ漢字で、〈だますこと。〉という意味の「瞞着（まんちゃく）」も一緒に覚えておくとよい。

「欺瞞的」「欺瞞性」という形で使われることもある。

例 この世は欺瞞（だまし）に満ちている。

関 226

自己欺瞞［じこぎまん］

自分の良心や本心に反すると知りながら、無理に理屈をつけて自分を正当化すること。

#哲学・思想

227

客体

［きゃくたい］

ゆる語訳

相手

自分自身のことを「主体」というが、「客体」とは、そうした「主体」によって見られたり（認識されたり）、何かの行為を受けたりする対象となる人や物のこと。動作や行為の対象・相手と考えてよい。

「客」⇔「主」の対義語としての組み合わせはしっかり押さえておきたい。

例 動作の客体（相手）に敬意を表すのが、謙譲語だ。

#哲学・思想

228 対

主体

［しゅたい］

自分の意志をもって、何かの行為を行う動作主。

229

巨視的

［きょしてき］

対 230

微視的

［びしてき］

顕微鏡で観察するように、対象を細かいところまで微細に分析しようとする態度。「ミクロ的」ともいう。

ゆる語訳

おおまかに見ること

観察する対象を全体的な一つのまとまりとして、おおまかに観察する態度。「巨視的」は「マクロ的」とも言い換えられることがある。

例えば、経済学の一分野に「マクロ経済学」があるが、これは、巨視的な視点で、一国の経済活動全体の動きを考察する学問のことである。

例

巨視的（おおまかに見ること）に捉えるとわかることもある。

#哲学・思想

共同体
［きょうどうたい］

ゆる語訳
強いきずな集団

#哲学・思想

地域の付き合い〈＝地縁〉や親戚の付き合い〈＝血縁〉などに**よる人間関係を重視する社会**のこと。そこでは、伝統的な慣習を重視し、そうした慣習に従わない自分たちと異なる人々を排除する、閉鎖性を特色とすることも多い。ほかにも評論文では、**同じ民族が集まった集団**、同じ言語を用いる集団、あるいは国家といった、**同じ価値観をもつ人々で構成された大きい集団**も「共同体」ということがある。

例 地域の共同体（強いきずな集団）では独特の慣習で生活が営まれている。

232

形骸［けいがい］

ゆる語訳
もはや形だけ

実質的な中身を失って、形だけになったもの。単純に形だけ、という意味で使われることもあるが、抽象的な物事に対して〈価値がない。〉というマイナスの意味で使われることが多い。「形骸化」という形で使うことも多く、例えば【規則が形骸化する。】といえば、その規則がただ存在しているだけで、その内容が重視されていない状態を指している。

例 我々の取り決めは、すでに形骸（もはや形だけ）となっている。

#哲学・思想

233

言説
［げんせつ］

ゆる語訳
意見・説明

言葉で述べられた考えや意見、その説明のこと。または、説明や言語化の対象となること。

評論文では、著名な学者などが述べた考えや、学説に用いられることが多い。特に哲学や思想の世界では、先人の哲学者の言説を分析し、自分の論を展開していくのが、一般的な研究様式である。

例 あの学者の言説（意見・説明）はとても有名である。

#哲学・思想

234

象徴
［しょうちょう］

ゆる語訳
わかりやすく表現！

目には見えない物事を、形のある別の物で表すこと、あるいは表された物を指す。例えば、「平和」という形のない考えや思いを、「はと」という形のある動物で象徴することがある。
なお、小説でも象徴表現について問われることがある。比喩〈＝ある事象を類似した事象にたとえて表すもの。〉との違いをしっかりと押さえておくとよい。

例 国旗は国家の象徴である。（わかりやすく表現！）

#哲学・思想

類 278
表象
［ひょうしょう］
➡p161
象徴、シンボルのこと。

235

自己疎外

［じこそがい］

ゆる語訳

ハブられる

#哲学・思想

「疎外」は嫌ってのけものにするという意味だが、「自己疎外」は評論文では、人が作ったものが逆に人を支配し、「人間らしさ」やその主体性や他者とのつながりを奪い、人間をかえって不幸せにするという意味で使われる。例えば、情報化社会を人間が構築したことで情報交換が容易になったが、そのためにかえって人間同士の本来のコミュニケーションが希薄になり、孤独感を感じやすくなったことなどが挙げられる。

例 SNSによって、かえって自己疎外（ハブられる）を感じてしまった。

236 関

疎外

［そがい］

仲間からのけものにすること。よそよそしくして近づけないこと。

237

収斂［しゅうれん］

ゆる語訳

一つにするぞ〜

ばらばらに存在するものを一箇所に集めたり、それらが集まったりすること。「収」も「斂」も、〈おさめる〉という意味をもつ漢字である。

「光」など、物理的なものが集まる場合にも使われるが、評論文では、異なったさまざまな意見が議論によって一定の方向性をもったものとして調整され、集約されていく場合に使われる。

例 異なった意見が収斂（一つにするぞ〜）されていく。

#哲学・思想

条理

［じょうり］

ゆる語訳

それはアリ！

物事の筋道や道理のこと。言い換えれば、論理的・常識的に考えて自然に考えうる事柄である。よって、論理や常識に適合しないおかしなことは、「不条理」と表現される。なお、評論文では、「不条理」の形で登場することが多いので、どちらも覚えておくとよい。また、「不条理」と同じ意味の言葉としては「不合理」がある。

例 条理（それはアリ！）にかなった意見。

#哲学・思想

134 対

不条理

［ふじょうり］

➲p085

物事の筋道が通らないこと。

239

総合

［そうごう］

ゆる語訳

まとめる

対 338

ばらばらなもの、あるいは矛盾対立するものを、まとめること。

例えば、三角形三つを集めると五角形になるというようなものをイメージすればよいだろう。（五角形の内角の和は五四〇度で、三角形三つを集めてできている。）ヘーゲル哲学でいえば、「ジンテーゼ」（034）。

対義語の「分析」とセットで覚えておきたい。

例 各社発表の情報を総合（まとめる）して判断する。

#哲学・思想

分析［ぶんせき］

➡p201

物質や物事を、要素や成分に分けて、構造を明らかにすること。

240

対蹠的
［たいしょてき］

ゆる語訳
正反対の

#哲学・思想

二つのものが正反対の位置・関係にあること。敵対関係にある場合もいうが、「対蹠点」という単語が、地球の反対側にある地点を指す（日本の対蹠点はブラジルとアルゼンチンの一部）ように、単に正反対という意味でも使われる。

本来の読みは「たいせきてき」で、「たいしょてき」は、慣用読みである。

例
二人は対蹠的（正反対の）な立場にある。

241 類

対照的
［たいしょうてき］

相反する二つのものの性質の違いが、非常に目立つさま。

242

多義［たぎ］

ゆる語訳
たくさんの意味

いろいろな意味があること。「義」は、「意味」を表す。例えば、多くの意味をもつ語は「多義語」という。自然言語〈＝自然に生み出され、使用されている言語。つまり、普通に使用されている言語のこと。〉は多義語であり、それゆえに思索の妨げになるとされる場合もある。また、評論文では話の内容が多面的で、さまざまな解釈が生じているさまを「多義的」と表現する。

例 曖昧で多義（たくさんの意味）の言葉は、誤解を生む。

#哲学・思想

関 060

一義的［いちぎてき］

➡p066

一つの意味しかない様子。

当為
［とうい］

ゆる語訳
そうあるべき！

#哲学・思想

哲学の用語で、まさにそうあるべきこと、まさにすべきことを指す。具体的には、ある話題について「〜べきだ」「〜するべきだ」という形式で表現される判断・考え方を表す。例えば、【互いが安心して社会生活を送るなかで法律を守って生活することは、当為のことだ。】などと使う。カント哲学では「ゾレン」「ゾルレン」などと呼ばれる。

例 自然との共存は、人間にとって当為（そうあるべき！）の法則だ。

淘汰［とうた］

ゆる語訳
敗者は滅びるのみ…！

生物学では、生物のうち環境や条件に適応できないものが滅び、適応するものだけが残るという意味で用いられる。「自然淘汰」ともいう。そこから、不必要・不適当なものを取り除くという意味でも用いられる。評論文では、「淘汰される」という形で、後者の意味で登場することが多い。何者かが意図的に滅ぼすのではなく、不適合なものが滅びるというイメージ。

例 競争力のない会社は淘汰（敗者は滅びるのみ…！）されていく。

#哲学・思想

二律背反

［にりつはいはん］

ゆる語訳

正しさVS.正しさ

#哲学・思想

どちらも同じくらい正しいことなのに、双方の事柄が対立し合い、両立しないこと。例えば、入学試験前は追い込みの時期なので、よりいっそう勉強時間を確保しなくてはならない。一方で、入学試験に向けて睡眠時間を確保してコンディションも高めたい。どちらも正しい考え方だが、限られた時間では両立が難しい状況だ。このような状態を「二律背反」という。

例 父と母の考え方は二律背反（正しさVS.正しさ）だよ。

246

虚無［きょむ］

ゆる語訳
もうどーでもいいや

現存する制度、権威、価値などを否定し、実在や真理を認めず、生存を無意味だとする考え方。簡潔にいえば、この世のすべてを否定し、「もうどうでもいいや」という境地に至った考え方。哲学では、必ず正しく、必ず不動のものなどないという意味でも理解されている。だからこそ、自らの人生にそれぞれの意味を見出（みいだ）していく必要がある。

例 彼は虚無主義者（もうどーでもいいや）だから、人生に意味など見出していない。

#哲学・思想

関 247

ニヒリズム［にひりずむ］

虚無主義と意味は同じ。ドイツの哲学者・ニーチェの思想としても用いられる。

認識
［にんしき］

ゆる語訳
知っちゃった

評論文では、哲学の用語として用いられることが多い。物事をはっきりと理解し、ほかのものと区別したり、判断したりすること。また、そうして得られた心的な内容のこと。哲学では「認識」は重要なテーマの一つである。人間がどのように対象を知覚したり思考したりして、心の中でそれをどのように理解しようとしているのかが、長年、哲学者の問題になってきたのだ。

例 人権についてようやく認識（知っちゃった）するようになった。

#哲学・思想

249

能動［のうどう］

対 250

受動［じゅどう］

ほかからの働きかけや影響を受けること。

ゆる語訳
自分から！

自分の力や働きを積極的にほかに働きかけること。「能動的」と用いることが多い。自発的に行動することを示すものとして、プラスの意味で用いられる。
自分の意志で動くという点から、「自律〈＝自分で立てた規範に従い行動をすること。〉」や「主体的〈＝ほかに頼らず自分から活動していくさま。〉」とセットで覚えておくとよい。

例 もっと能動的（自分から！）に行動を起こすべきだ。

#哲学・思想

251

範疇

［はんちゅう］

ゆる語訳

ここからここまで仲間だな

「カテゴリー」と同様に、人間が物事や考えを認識するときの基本的な枠組みを意味する。例えば、【この領域は歴史学の範疇ではない。】などということがある。歴史学が研究対象として認識している範囲ではないという意味で使われる。ほかにも【想像の範疇を超えた。】と用いるが、その場合は、「その人の想像する枠組みの外で、範囲外にある」という意味になる。

#哲学・思想

例　これは部長の業務の範疇（ここからここまで仲間だな）に入るだろうか。

222 類

カテゴリー

［かてごりー］

➔p117

範疇と同じ意味。物事や考えをその性質によってグループに分けたときのそのグループ一つ一つ。

252

必然
［ひつぜん］

関 220

蓋然性
［がいぜんせい］

➔p116

ある事柄がたぶん起こるだろうという度合い。

物事が必ずそうなること。「必然」とは、結果の予見が可能で、100％予想通りの結果になることを指す。「必然的〈＝必ずそうなる様子。〉」「必然性〈＝必ずそうならざるを得ない性質。〉」などと使う。なお、対義語は「偶然〈＝思いがけず、たまたまそうなったこと。〉」だが、偶然が重なればそれはそれで必然である、という論調も存在する。

例 あれだけ努力していたので、君の合格は必然（絶対そうなる！）だったといえよう。

ゆる語訳
絶対そうなる！

#哲学・思想

敷衍

［ふえん］

ゆる語訳

もっとくわしく！

意味・趣旨を押し広げたり、説明を詳しくしたりすること。単に広げる、という意味でも使われるが、評論文では、わかりやすく説明するという意味で使われることが多い。

例えば、【経済学の知見を歴史学に敷衍する。】といえば、経済学の知見を歴史学に合うように押し広げ、歴史学の研究をより詳しく説明することを意味する。

例 イメージを敷衍（もっとくわしく！）して彼のことをあれこれ言うのはやめよう。

#哲学・思想

254

不可逆

［ふかぎゃく］

ゆる語訳

取り返しがつかない

逆もどりできないこと。取り返しがつかないこと。なお、評論文では、「不可逆的」「不可逆性」のように使い、「不可逆」を単独で使うことはまずない。

いちばんわかりやすい不可逆的なものの例は、「時間」。一度過ぎた時間はもう取り戻すことができない。

例 卵に一度熱を加えると、二度と元には戻らない。不可逆的（取り返しがつかない）だ。

#哲学・思想

命題

［めいだい］

ゆる語訳

ウソかホントか判断できるもの

#哲学・思想

論理学において、ある判断の内容を文・記号・数式などで表したもの。例えば、【私は高校生である。】という文は、客観的に正しい「真」か正しくない「偽」かを決定できる性質をもち、「命題」であるといえる。一方で、【私はヒーローだ。】という文は、「ヒーロー」の定義が不明確であるため、「命題」であるとはいえない。

「言明」や「立言」と呼ばれることもある。

例 「AならばBである。」という基本的な命題（ウソかホントか判断できるもの）の形がある。

256

両義性

［りょうぎせい］

ゆる語訳

どっちとも言えるな…

一つの言葉が相反する二つの意味をもっていること。例えば、「自己主張ができない。」という悩みがあったとする。自己主張ができないことを文字通りにネガティブに取ることもできるが、逆に考えると、他者の考えを受け入れたり、他者への配慮ができたりするというプラスの面があるともいえる。世の中の言葉は、文脈によって、このように「両義性」をもつことが多い。

例

ＡＩの活用には両義性（どっちとも言えるな…）があると思う。

#哲学・思想

257

アウトサイダー

［あうとさいだー］

ゆる語訳 **ぼっち**

#文化

組織や集団に入らない人、部外者のこと。特定の集団からはみだした一匹狼的な人のことをいう場合もあれば、もっと広く社会の既成の枠組みから外れた考え方や行動をする人のことをいう場合もある。社会の体制や主流から締め出された人である場合も、自らの意志でそこへの所属を拒否する人である場合もある。要するに、特定の集団の外側〈＝アウトサイド〉にいる人のこと。

例 時にはアウトサイダー（ぼっち）の意見に耳を傾けることも、組織の活性化には大切だ。

258

エキゾチック

［えきぞちっく］

ゆる語訳

めっちゃ外国っぽい

異国的。外国の雰囲気、異国情緒がある様子をいう。外国を訪れたときに、その土地ならではの景色や文化に接して感じる感覚。輸入された外来種の動物を「エキゾチック・アニマル」などというように、自国の独自の文化にないものについての表現でも用いる。なお、異国趣味・異国情緒のことは、「エキゾチシズム」という。

例 中華街に一歩足を踏み入れると、そこにはエキゾチック（めっちゃ外国っぽい）な雰囲気が漂っている。

#文化

259

エスニシティ

［えすにしてぃ］

ゆる語訳

われら○○出身！

#文化

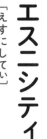

同じ文化や母語を共有したり、同じ民族であったりする人々の、所属する集団への帰属意識。自分たちは仲間であり運命共同体だ、というような集団意識のこと。例えば、海外の大学の日本人留学生の会で「われわれは」という場合に意識されるもの。この例では、このグループは同じ日本語を母語として、日本の文化や生活習慣を共有できる仲間だという意識が前提にあるといえる。

例

日本における移民のエスニシティ（われら○○出身！）について考える。

260

オリエンタリズム

［おりえんたりずむ］

ゆる語訳

東洋の神秘

西洋から見た、東洋の文明・文化に対する憧れや異国趣味に根差した、絵画などの東洋趣味。「オリエント」は、主にアジアの西南部とアフリカの北東部を含む東洋を指し、その地域の西洋から見たエキゾチック（258）な魅力を絵画や文芸などで表現したものをいう。魅力という意味で用いられる一方、東洋に対する偏った見方、差別的な視線が含まれるという批判もある。

例 オペラ『蝶々夫人（ちょうちょうふじん）』を題材に、オリエンタリズム（東洋の神秘）について研究する。

#文化

261

構造主義

［こうぞうしゅぎ］

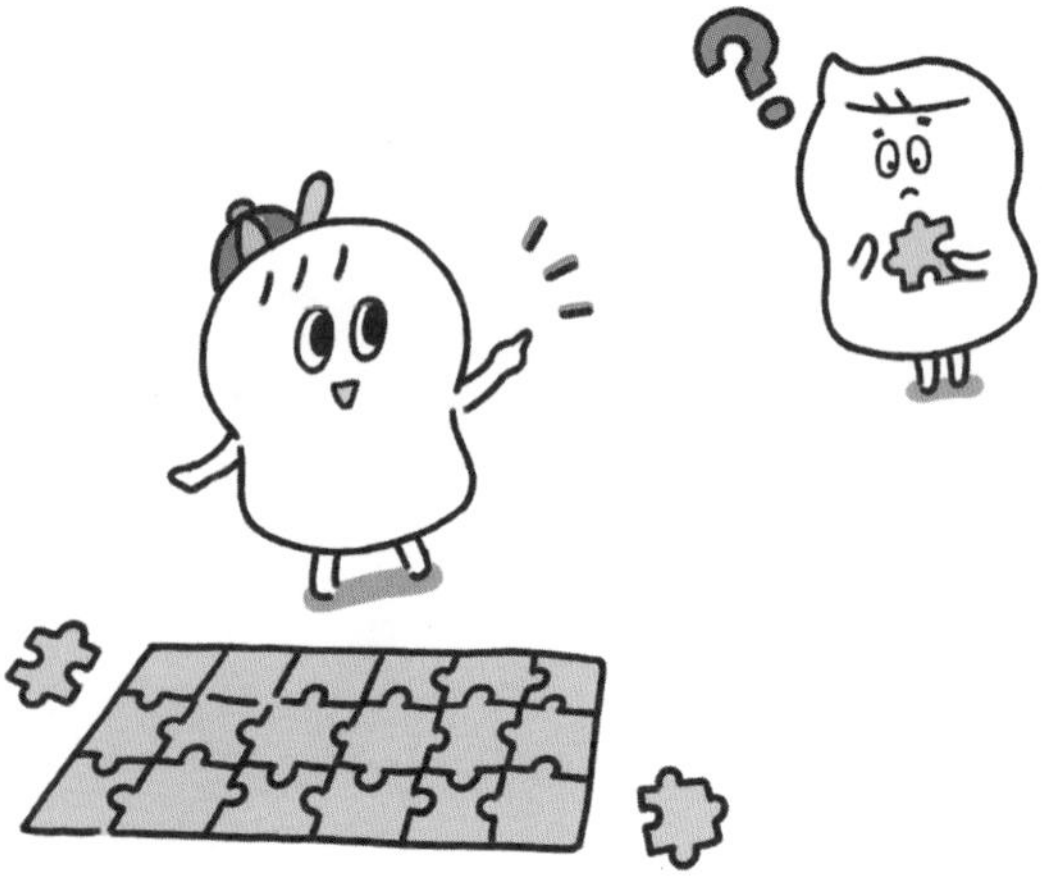

ゆる語訳

カラクリを見つける立場

#文化

考察される対象の構成要素や、それらの結びつきの規則性を探ることなどによって、体系的秩序を発見しようとする哲学的な立場のこと。例えば、ある時代のある地域の社会や文化の現象について考える際、その現象そのものよりも、その背景にある潜在的な社会構造を探り、それによって現象を理解しようとするものである。

例 レヴィ・ストロースは構造主義（カラクリを見つける立場）の考え方によって親族体系を説明した。

情念［じょうねん］

ゆる語訳

抑えきれない思い…！

さまざまな感情に伴う、抑えがたい思いのこと。「情動」と同じように感情から発するものだが、「情動」が急激に感情が沸き上がることであるのに対して、その感情が抑えがたく、いつまでも本人を悩ませるようなものを「情念」という。一時的なものではなく、愛情・憎しみ・悲しみなど、簡単にはぬぐいされないような思いに用いられる。

例 彼の芸術作品は、憎しみの情念（抑えきれない思い…！）に突き動かされて生まれたものだ。

#文化

263

人文
［じんぶん・じんもん］

ゆる語訳
人の作った文化

＃文化

簡単にいえば、字面のとおり人間の作った文化のこと。人に関する事柄全般。人文科学という場合は、広く文化を対象とする学問の総称として経済学・社会学なども含むこともある。もう少し狭い範囲でいうと、自然科学や社会科学を除いた文芸学・言語学・歴史学・哲学などのこと。大学の学部で「人文学部」という場合は、おおむね後者の意味。

例 私は文学部に進学して、人文（人の作った文化）についての知見を広げたい。

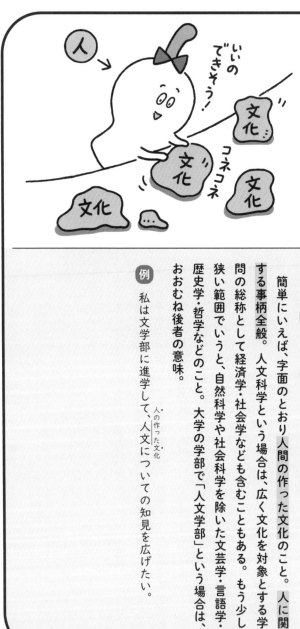

264

神話［しんわ］

ゆる語訳
なんでか信じられてる話

確かな根拠もなく信じられている事柄のこと。ここではギリシア神話や日本の古事記に見られるような民族の起源、国の創造にまつわる超自然的な神や英雄の話のことではなく、人々がなぜか絶対的なものと信じ込んで、称賛や畏怖の対象としている事柄をいう。例えば、「この選手がホームランを打てば、必ずその試合は勝つ。」と信じられている「不敗神話」といったもの。

例 東日本大震災は日本の原発の安全神話（なんでか信じられてる話）に一石を投じた。

#文化

265

趨勢
［すうせい］

ゆる語訳
なりゆき

#文化

そのときの物事の傾向や流れのこと。時勢の傾向。世の中の潮流。同じような意味の言葉でも、「動向」が人それぞれの動きの傾向にも用いられるのに対して、「趨勢」は個人や小集団といった単位ではなく、もっと広く世の中の物事の動きの傾向を指して用いられる。評論文では、ほとんど「時代の趨勢」「世の趨勢」といった形で用いられる。

例 世の趨勢（なりゆき）を読み取ることが新規事業の企画には必要だ。

266 関

動向
［どうこう］

人の行動や物事の情勢が、どういう傾向をもって動いていくかということ。

267

世俗化

［せぞくか］

ゆる語訳
宗教っぽくなくなった感じ

宗教や権威など、高尚な物事の影響力が薄くなり、世間一般の大衆に広まること。聖なる意味合いのあった物事が俗世間的なものに変化すること。特に西洋において、宗教改革などを経てキリスト教の絶対的制度や価値観が崩れ、世間一般に広がったこと。これが契機となって社会の近代化が進んだ。現在の日本においては、格式が下がり大衆化するといったニュアンスで用いられることが多い。

例 初詣は、今やすっかり世俗化（宗教っぽくなくなった感じ）したイベントとなっている。

#文化

関 268

大衆化

［たいしゅうか］

一般民衆に好まれて広まること。

269

世代
［せだい］

ゆる語訳
ほとんど同い年集団

ある一定の年齢層の人々のこと。ジェネレーション。「三世代同居」のように、単に親・子・孫などと続く個人の一代を表す場合もあるが、特定の年齢層を「同世代」のようにひとまとまりにして表現するのによく用いる。現代では、「就職氷河期世代〈＝一九九一年のバブル経済崩壊後から数年間に新卒で就職活動をした世代。〉」など、その世代に特徴的な事柄から名づけて、「〇〇世代」と称することも多い。

#文化

例 親の世代（ほとんど同い年集団）が高校生のときには、携帯電話はなかったらしい。

270 関

ジェネレーションギャップ
［じぇねれーしょんぎゃっぷ］

世代間の価値観や感性の断絶。

体系［たいけい］

ゆる語訳

きれいに整理して並べたもの

個々の断片的な事物を、ある一定の原理のもとに筋道立てて秩序づけたもの全体のこと。学問、科学、技術や社会制度などさまざまな分野に用いる。例えば、小学校の算数の教育カリキュラムが、小学校一年生では足し算・引き算、二年生では掛け算、三年生では割り算…というようになっているのは、日本の学校教育体系の中で、より高次元の数学を学ぶための基礎教育として、各学年に割り当てられたからである。

例 この本は、重要語句を体系立て（きれいに整理して並べたもの）て覚えられるように工夫したものだ。

#文化

知情意

［ちじょうい］

ゆる語訳

知性！感情！意志！

#文化

人間の三つの精神活動である知性と感情と意志のこと。哲学者カントが提唱したもの。わかりやすい例を挙げるならば、火災に遭ったとき、それを経験または人の話や書物などから得た知識で「火災だ、消防に連絡して避難しよう。」と判断するのが「知性」、恐怖や被害に対するショックを感じるのが「感情」、災難から立ち直るために行動を起こし、今後の教訓としていこうとするのが「意志」の働きである。

例 彼のように知情意（知性！感情！意志！）のバランスが取れた人になりたい。

273

超克

［ちょうこく］

ゆる語訳

乗り越えて勝つ！

困難や苦境を乗り越え、それに打ち勝つこと。「克服」に近い意味をもつ語だが、克服と違って【けがを超克して試合に出たい。】というような日常会話で用いられることはあまりなく、主に文章内で用いられる。特に学問に関して、哲学分野でニーチェのいう「自己超克〈＝自分自身の現状を超える価値などを創造すること。〉」のように、より高い次元の意味合いで用いられることが多い。

例 キュリー夫人は女性研究者をめぐる社会的な困難を超克（乗り越えて勝つ！）し、ラジウムを発見した。

#文化

関 274

克己

［こっき］

自分自身に打ち勝つこと。

定義［ていぎ］

ゆる語訳
**これって、こういうこと!
はい決定!**

言葉の意味を、ほかと区別できるように明確に限定すること。また、それを述べた文のこと。例えば、一般に「少年」というと、六歳から十代半ばで性別は男とイメージされるが、「少年法」においては性別を問わず「二十歳未満の者」、「児童福祉法」においては性別を問わず「小学校就学から、満十八歳」と定義されており、それぞれの場面でその定義が適用されている。

#文化

例
成人の定義（これって、こういうこと!はい決定!）は、二〇二二年に十八歳に引き下げられた。

276

伝統［でんとう］

ゆる語訳
ご先祖さまから教わってきたこと

ある民族、集団、社会において、昔から受け継ぎ伝えられてきた有形・無形の風習・様式・傾向・思想など。「伝統行事」「伝統産業」「伝統校」などのように、その地域で長らく続いているものについて、「伝統○○」という形で表現することが多い。具体的な風習だけでなく、「伝統的なものの考え方」のような漠然としたものを指す場合もある。

例 京都の葵祭（あおいまつり）の伝統（ご先祖さまから教わってきたこと）は、平安時代からのものだ。

#文化

パラダイム

［ぱらだいむ］

太陽が
地球の
周りを、ぐるっと
マジでこう

ゆる語訳

この時代のイケてる考え方！

#文化

さまざまなものの見方・考え方を体系づける、その時代の有力な考え方の枠組みや、科学上の概念のこと。これが一変することを「パラダイム・シフト」という。「パラダイム・シフト」のわかりやすい例を挙げるならば、十六世紀までは天動説がパラダイムであったが、コペルニクスが地動説を提唱したあと、徐々に地動説が信じられるようになり、現在のパラダイムでは地動説が不動のものとなっていることである。

例 終戦により、日本社会にはパラダイム（この時代のイケてる考え方！）の大きな転換がもたらされた。

278

表象

［ひょうしょう］

ゆる語訳

イメージ

観念として心に思い浮かべられた対象の姿、形のこと。例えば、「故郷」という言葉から想起される故郷の町並みや母校などのイメージは、各人で異なる表象である。あるいは、象徴、シンボルのこと。抽象的な事柄を、具体的な事物で象徴的に表すことで、「愛情」の表象としたハートマークなどが典型例。誰もがハートは親愛の表現と理解できる。

例　オリンピックの五輪は、「世界は一つ」を表象（イメージ）したものである。

#文化

類　234

象徴

［しょうちょう］

➔p125

目には見えない物事を、形のある別の物で表すこと、あるいは表された物。

風刺
［ふうし］

ゆる語訳
遠回しなディス

時代・社会・人物などの過失・欠陥などを正面から非難しないで、皮肉や反語などの方法でからかったり遠回しに批判したりすること。有名な風刺小説としては『ガリバー旅行記』、『ドン・キホーテ』などがある。日本では、江戸時代には幕府を批判するのはご法度であったため、時代を室町幕府と設定して赤穂（あこう）事件を批判する『仮名手本忠臣蔵（かなでほんちゅうしんぐら）』などの風刺作品が生み出された。

#文化

例　江戸時代の浮世絵には、風刺画（遠回しなディス）も多くある。

280

文明
［ぶんめい］

ゆる語訳
人間の力でレベルアップした世界

人間の生産技術や意識が進んで、高度な文化をもった状態。「黄河文明」「メソポタミア文明」「明治期の文明開化（欧米風の文明が取り入れられた状態）」などの例がわかりやすいだろう。「文化」が特に人間生活の慣習や芸術など精神的なものを指すのに対して、「文明」は文化の物質的な面が豊かになった状態をいう。先進的な機器を「文明の利器」などというのはこの用例。

例 文明（人間の力でレベルアップした世界）の発展は、異国との交流を容易にした。

#文化

関 281

文化
［ぶんか］

人が精神の働きによって作り出した有形、無形のものすべて。

ヘゲモニー

［へげもにー］

ゆる語訳

指導してあげる立場

#文化

主に政治的に指導的な立場のこと。主導権。覇権。国家同士の関係で、劣位にある国に対して指導的な立場をとる国を「ヘゲモニー国家」という。日本の歴史上の事例を挙げるならば、従来独立国家であった琉球（りゅうきゅう）王国に対して薩摩（さつま）藩がヘゲモニーを獲得し、「琉球処分」を行ったことが、現在の沖縄県の成立の背景にある。第二次世界大戦後はアメリカのヘゲモニーのもとで復興した。

例 誰がヘゲモニー（指導してあげる立場）を握っていたのかを調べる。

283

マイノリティー

［まいのりてぃー］

ゆる語訳

社会の少数派

社会において立場や考え方などが少数派である人々のこと。現在の日本の社会においては、日本国籍をもたない人やLGBTQ〈＝性的少数者〉、イスラム教徒の人々などがそれにあたる。歴史的には、往々にして差別の対象とされてきたが、昨今は社会の多様化が進み、マイノリティーに配慮する気運が高まっている。

例 昔は、定年退職まで働く女性はマイノリティー（社会の少数派）だった。

#文化

対 284

マジョリティー ［まじょりてぃー］

多数派。

285

ユートピア

［ゆーとぴあ］

ゆる語訳

つらい現実と全然違うパラダイス！

#文化

現実にはない理想郷のこと。もともとは、イギリスの思想家トマス・モアの著作名で、〈どこにもない場所。〉という意味の造語。当時の現実のヨーロッパの政治や社会を批判し、それとはまるで違った自由で平和な理想の島を描いた。ここから一般に、架空の理想的な社会、現実にはない理想の国といった意味で用いられるようになった。

例 豪華なホテルに宿泊し、ユートピア（つらい現実と全然違うパラダイス！）にいるような気分を味わう。

286 関

桃源郷

［とうげんきょう］

俗世間を離れた平和な世界。陶淵明（とうえんめい）の『桃花源記（とうかげんのき）』に由来する。

Point

「ユートピア」の関連語として挙げられている「桃源郷」は、東晋（とうしん）（三一七〜四二〇年）時代に書かれた『桃花源記』によるもの。

ある漁師が桃の林を抜けて迷い込んだ場所では、俗世間とかけ離れた感じの人々が豊かな土地で幸せそうに暮らしていた。聞けば、戦乱を逃れてここに住み着いた人々で、それ以来外界と交流せずに暮らしているという。迷い込んだ漁師は、ここを去ったあと、この土地のことを人々に知らせようとしたが、再びたどり着くことはできなかったという話である。

人が俗世の嫌なことを見て、「ここではないどこか」を求めるという気持ちは、時代や東西を問わないものであるようだ。

ちなみに「ユートピア」の対義語は「ディストピア」。ユートピアが現実社会の「あるべきでない」点の逆を描いたものであるのに対し、ディストピアは現実社会の「あるべきでない」点がどんどん進んでいった先の反理想郷を空想したものである。ディストピア小説としては、フランク・パブロフの『茶色の朝』が有名。

アイロニー

［あいろにー］

ゆる語訳 **イヤミ**

皮肉、あてこすり。直接的に批判せずに、遠回しに、あるいは反語的にあてこすって言うこと。日常会話の例を挙げると、公共の場で子どもがふざけて走り回るのを放置している親に対して「危ないですよ。」「お子さんを見守って。」などと注意するのではなく、「こんな場所で走り回ったりして、ずいぶん元気なお子さんですねえ。」「しつけが行き届いていますねえ。」などとあてこする類。

例 彼は、アイロニー（イヤミ）を言われても平然としている。

#文芸・芸術

288

アウラ
［あうら］

関 289

オーラ
［おーら］

物や人が周りに発散するという霊気のこと。

ゆる語訳

芸術作品が放つオーラ

芸術作品が醸し出す独特の雰囲気、作品の放つオーラのこと。一般に「オーラ」というと、【銀幕のスターである彼の放つオーラで、その場の雰囲気が一変した。】のように、人物について用いることが多いが、それとは区別して、芸術作品についてそのものが今、ここにある一回きりの存在感を放つような場合に用いる。ベンヤミンは複製技術により、芸術作品のアウラが失われるとした。

例 芸術鑑賞は、図録を見るのではなく、実物の放つアウラ（芸術作品が放つオーラ）を感じたい。

#文芸・芸術

アフォリズム

［あふぉりずむ］

ゆる語訳

名ゼリフ

#文芸・芸術

人生や世の中についての真理を鋭く突いた短い金言、警句、格言のこと。人々の教訓となるような言葉だが、「急がば回れ」のような昔から語り継がれることわざの類とは区別し、出典（その言葉を言った人）がはっきりしている言葉について、特にいう。孔子（こうし）の「過ちて改めざる是（これ）を過ちと謂（い）う〈＝悪いのは間違えることではなく、改めないことである。〉」などもアフォリズムの類といえる。

例 偉人のアフォリズム（名ゼリフ）からは、学ぶものが多い。

291

イリュージョン

［いりゅーじょん］

ゆる語訳

まぼろし

幻想、幻影、錯覚のこと。特に芸術作品における意図された錯視、錯覚や幻想的な作品のことを指す。マジックのうち、大掛かりな舞台装置や演出で観客を幻惑させるようなものを「イリュージョン」（その奇術師を「イリュージョニスト」）というのも、これが語源。その演出が現実離れしていて、信じがたい幻を見ているようであることからそう呼ぶようになった。

例 偉大なアーティストの作り出すイリュージョン（まぼろし）の世界に魅了される。

#文芸・芸術

292

印象批評
［いんしょうひひょう］

ゆる語訳
感情的なレビュー

芸術批評において、作品を批評する際に、客観的な事実や理論によらずに、作品から受けた主観的な印象によって批評すること。

単純にいえば、読書感想文で小説の背景などを分析するのではなく、自分の感じたままに「この作品のクライマックスの場面にはグッときた！」「スピード感あふれる描写にぐいぐい引き込まれた。」などと書くのも、「印象批評」の一つである。

例 レポートは印象批評（感情的なレビュー）に終わらずに書くことを意識したい。

#文芸・芸術

293

インスピレーション

［いんすぴれーしょん］

ゆる語訳

ピンときた！

創作や思考の過程で、理屈ではなく、直観的に思い浮かんだ着想。突然ひらめく優れた考え。または霊感。【インスピレーションが湧く。】という表現をするように、ふっと湧いた考えをいう。発明家のトーマス・エジソンの「天才とは、1％のひらめきと99％の努力である。」という言葉の「ひらめき」の部分が「インスピレーション」にあたる。宗教的な霊感という意味もある。

例 時間制限のある中での作品制作は、インスピレーション（ピンときた！）が勝負だ。

＃文芸・芸術

諧謔

［かいぎゃく］

ゆる語訳

ユーモア

#文芸・芸術

おもしろい気の利いた冗談。しゃれ。ユーモア（202）。「諧」「謔」ともに「冗談」「たわむれ」「おどける」という意味の漢字で、「滑稽」の類語である。用例からすると、「滑稽」とか、単なる「冗談」よりも、ウィットに富んだ知的なスパイスの効いたもの、おもしろおかしい風刺（279）などについて用いることが多い。【諧謔を弄(ろう)する。】という形で用いられることが多い。

例 江戸時代には、川柳や狂歌など諧謔(ユーモア)性の強い文芸が流行した。

295

外在批評
［がいざいひひょう］

対 304

内在批評
［ないざいひひょう］

➡p184

文芸作品を、その内部の形式・技巧・主題などの点から批評すること。

ゆる語訳
作品の外から見たレビュー

文学作品を批評する際に、作品そのものを取り上げるのではなく、作品を一つの社会現象と捉え、社会的・歴史的な立場から批評すること。例えば、漫才師である又吉直樹（またよしなおき）氏の芥川（あくたがわ）賞受賞作品『火花』（主人公は駆け出しの漫才師）を評する際に、当時の日本のエンタメ業界における漫才の位置づけや、売れない漫才師の生活の現状といった状況から作品を論じるのが「外在批評」である。

例 夏目漱石（なつめそうせき）の小説の外在批評（作品の外から見たレビュー）のため、当時の社会の状況を調べる。

#文芸・芸術

諧調

［かいちょう］

ゆる語訳

バランスばっちりなハーモニー

#文芸・芸術

調和の良く取れた音や調子。芸術作品の美しく整った様子のこと。ハーモニー。色彩のグラデーションを「階調」というが、その美しさがまさに「諧調の美」といえる。一般に交響楽などは諧調の美しさで聴かせるものが多いが、芸術作品においては必ずしも諧調が美とされるわけではなく、181ダダイズム、150アバンギャルドなど「乱調の美」といえるものもある。

例 オーケストラの奏でる心地よい諧調（バランスばっちりなハーモニー）に、つい眠気を誘われてしまった。

297

カタストロフィー

［かたすとろふぃー］

ゆる語訳

衝撃のラスト

文芸作品、演劇などにおける悲劇的な大詰めのこと。主人公の悲劇が決定づけられる事件や場面。シェイクスピアの悲劇『リア王』は、口先だけきれいごとを並べる二人の娘に領地を分割して、唯一親思いであった末娘を勘当するという決断をリア王が下してしまったために、カタストロフィーを迎える。

転じて、実生活上の大災害、歴史的な大事件など、人の運命を変えるような悲劇的な出来事にも用いられる。

例 『平家物語』の「壇ノ浦（だんのうら）」には、栄華を誇った平家一門のカタストロフィー（衝撃のラスト）が描かれている。

#文芸・芸術

カタルシス

［かたるしす］

ゆる語訳

モヤモヤを吹き飛ばしてすっきり！

＃文芸・芸術

文芸作品や演劇などを鑑賞することによって、自分の中に抑圧されていた感情が解放され、すっきりとした気持ちを味わうこと。また、芸術鑑賞に限らず、自分の内の精神的苦痛を外に表出することによってコンプレックスを解消すること。浄化。悲しい映画などを見て泣いたあと、すっきりした心地よさを感じたことがある人も多いだろう。その気持ちこそが、まさに「カタルシス」である。

例 涙にはカタルシス（モヤモヤを吹き飛ばしてすっきり！）を得られる効果があるそうだ。

299

主題［しゅだい］

ゆる語訳
テーマ

芸術作品などで作者が表そうとする中心の思想のこと。テーマ。

例えば、晩年の夏目漱石（なつめそうせき）は、人間のエゴイズム〈＝自己主義〉の問題を追究しており、『こころ』『明暗』など、エゴイズムを主題とした作品を多く残している。

文学作品では、主人公の心情や物語の山場の正確な読み取りから、主題を理解することができる。

例 僕は、「友情」を主題（テーマ）とした漫画を描きたい。

#文芸・芸術

300

ジレンマ

［じれんま］

ゆる語訳

究極の二択

＃文芸・芸術

板挟みになって苦しんでいる状態のこと。よくいわれるのが「ハリネズミのジレンマ」で、ハリネズミは寒い日に体を寄せ合って温め合おうとしても、近づきすぎるとお互いにハリで痛い思いをすることから、「近づきたい／近寄れない」という苦悩が生じるというもの。「週末、勉強するか遊びに行くか」など、どちらか一つを選択しないといけないが選びきれない経験は誰にでもあるのではないだろうか。それが「ジレンマ」である。

例　受験したい二つの大学の入試日程が同じなので、どちらを受けるかジレンマ［究極の二択］に陥る。

301

心象

［しんしょう］

ゆる語訳

イメージ

感覚や記憶などが、心の中にある形をとって再生したもの。イメージ。小さい頃を思い出そうとしたときに、通っていた幼稚園や一緒に遊んだ友達など、ふと思い浮かぶイメージがあれば、それがあなたの子ども時代の「心象」といえる。

同音異義語の「心証〈＝人の言動から受ける印象。〉」としっかり区別して覚えること。

例 ベートーベンの交響曲を聞いて、心に浮かんだ心象（イメージ）を描いてみる。

#文芸・芸術

302

前衛
［ぜんえい］

ゆる語訳
トガッてる

#文芸・芸術

芸術において、伝統にとらわれず、時代の先頭に立って新生面を開こうとする立場。既存の観念や流派を否定した先進的な芸術。アバンギャルド。「ゲルニカ」のパブロ・ピカソは、その先駆的な存在である。

渋谷駅の連絡通路に展示されている「明日の神話」という作品や、大阪府吹田（すいた）市にある「太陽の塔」などは、ピカソに影響を受けた岡本太郎の前衛芸術作品として有名。

例 彼のファッションは、いつも前衛的（トガッてる）でかっこいい。

150 関

アバンギャルド
［あばんぎゃると］

➔p090

伝統を否定して最も新しい芸術を生み出そうとした運動。

303

テクスト

［てくすと］

ゆる語訳

書かれたもの

文書に書かれている本文のこと。「テキスト」ともいう。特に研究対象となる文や、原典、原文を指していう。

なお、文章は作者の意図を表現したものではなく、書かれたあとは読者がさまざまに解釈して読んでよいものだという思想を、「テクスト論」という。

例 古典の研究は、まずテクスト（書かれたもの）を重視する。

#文芸・芸術

内在批評

［ないざいひひょう］

ゆる語訳
作品の中身だけでのレビュー

文芸作品を、その内部の形式・技巧・主題などの点から批評すること。（文芸以外では、ある学説や思想を、その前提となるものを一応認めたうえで批評すること。）ある小説について批評する場合、その作品が書かれた社会的な背景や、文学史上の位置づけなどに関連づけて批評する〈＝外在批評〉のではなく、作品そのものに書かれた内容だけを取り上げて批評するということ。

例 内在批評（作品の中身だけでのレビュー）のために小説を精読する。

#文芸・芸術

295 対

外在批評

［がいざいひひょう］

➔p175

文学作品を批評する際に、作品そのものを取り上げるのではなく、作品を一つの社会現象と捉え、社会的・歴史的な立場から批評すること。

305

反語［はんご］

何で怒ってるか
わからないことがあるの？
いや、わかるよね!!
テヘ

ゆる語訳

そんなことないよね？
（いや、ある）

#文芸・芸術

疑問の形式で、逆に強い肯定の意味を表す言葉のこと。単に「彼は合格するだろう。」というよりも、「彼が合格しないなんてことがあるだろうか？（いや、ない。）」という形を用いた方が、「絶対合格するはずだ。」という予想が強調される表現となる。また、意図とは真逆のことを述べて皮肉を表す言葉のこと。ばかばかしいと思っている話に「ご立派なお考えですね。」などというもの。

例

「君にこの問題が解けないなどということがあろうか？」と、反語を使って聞かれた。
（そんなことないよね？（いや、ある））

306

ペーソス

［ぺーそす］

ゆる語訳

ジーンとくる感じ

#文芸・芸術

もの悲しい情緒、哀感のこと。小説や演劇で「ペーソスが感じられる場面」とは、主人公が号泣するような悲しい感情がはっきりと示される場面ではなく、「もの〈＝何となく〉悲しい」、つまり、しみじみとした哀愁が漂う別れの場面である。対義語は「ユーモア」（202）で、それが、爆笑するようなおもしろさではなく、何となくくすっと笑ってしまう感じであるのと同様と考えれば、感覚としてつかみやすいだろう。

例 しみじみとペーソス（ジーンとくる感じ）の漂うラストシーンの余韻にひたる。

307

民話［みんわ］

ゆる語訳

民衆の中で生まれた話

民衆の中から生まれ、その生活や感情を反映して素朴な形で語り継がれてきた話。地方の伝説や昔話の類。古代の神話も含まれる。岡山県の『桃太郎（ももたろう）』など、地域の伝説が日本中に伝わって誰もが知るようになったものも多い。また、『天の羽衣（あまのはごろも）』のように日本の各地域に似たような民話が存在するケースもある。

例 出身地の民話（民衆の中で生まれた話）について、レポートを書く。

#文芸・芸術

308

モチーフ

［もちーふ］

ゆる語訳

作品のキーアイテム

#文芸・芸術

芸術で、創作活動の動機となるもののこと。作品によって表される中心的な考えや主題。絵画において中心的に描くものや、音楽で楽曲の最小単位となる基本旋律のことをいう場合もある。ゴッホはひまわりをモチーフに、多くの作品を残している。葛飾北斎の富嶽三十六景は富士山をモチーフとした作品で、富士山はほかにも多くの画家のモチーフとなっている。

例 望郷の思いをモチーフ（作品のキーアイテム）に作品制作を続ける。

309

リフレイン

［りふれいん］

HEY!
ゆるくいこうぜー♪
HEY!
ゆるくいこうぜー♪

ゆる語訳

繰り返し

詩歌や楽曲における繰り返しのことで、印象に残る効果がある。「ルフラン」ともいう。口語自由詩では、同じ内容の連の繰り返しの部分がこれにあたる。学校の校歌の歌詞の一番から三番まで最後の部分に同じように学校名が出てくるパターンがよくあるが、これもリフレインといえる。

例 初めて聞いた曲だが、リフレイン（繰り返し）の部分が耳に残る。

#文芸・芸術

310

レトリック

［れとりっく］

オレの地元はTOKYO!
友達みんなさいKO!

ゆる語訳

言葉をカッコよく操るスキル

#文芸・芸術

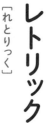

文章などの表現効果を高めるための技法。修辞。古典の授業で習った和歌の「掛詞」「縁語」などや、漢詩の「韻」といったものが代表的なレトリックである。ラップで韻を踏むのも、言葉の意味を強調し、また楽曲の調子をよくして、耳に残りやすくする効果を狙った修辞である。比喩表現や体言止め、反語を用いた強調など、友達との日常会話で使っていることもあるはず。

例

この和歌にはレトリック（言葉をカッコよく操るスキル）が多用されている。

Point

「レトリック」というと、難しく考えてしまいそうだが、実は私たちも日常会話レベルで無意識にレトリックを使っていることが多い。

例えば「布団がふっとん・・だ！」などのダジャレの類は、同音異義語で複数の意味をもたせる和歌の修辞技巧「掛詞」と同じようなものだ。「パンダの好きな食べものはなんだ？／パンだ！」のような子どものなぞなぞも、同音異義語のレトリックによるものである。

また、「ふれあい」「助け合い」などの言葉に、お互いのいたわりや思いやりの気持ちを表現する意味をこめて、「ふれ愛」「助け愛」などと当て字を用いるのも、同じく同音異義語のレトリックである。

和歌の修辞技巧の一つである「折句」も、似たようなものが主に若者の間で使われている。折句は、和歌の各句の頭一文字をつなげると特定の単語になるというもの。「唐衣（からころも） 着（き）つつなれにし つましあれば はるばるきぬる 旅（たび）をしぞ思ふ」で、「かきつばた」という単語が隠れている、というものだが、SNSなどで、各行の最初の文字を「縦読み」するとメッセージがあらわれるものは、折句に近いといえるだろう。

パン！
パンダの好きな食べものは
なんだー？

第4章
グループで覚える57語

#宗教

311 アニミズム［あにみずむ］
生物、無生物を問わず、すべてのものに霊魂が宿るという考え。

312 異端［いたん］
その時代において正統ではない学問・思想・宗派。

313 一神教［いっしんきょう］
ただ一つの神を信じる宗教。

314 畏怖［いふ］
人間の力の及ばないものに対して、畏れおののくこと。

Point

311「アニミズム」は、すべてのものには精霊・霊魂が宿っていると考えるもの。313「一神教」は、キリスト教、ユダヤ教、イスラム教など。日本の伝統的な神への信仰は八百万（やおよろず）の神々をたたえるもので、これは多神教という。

315
帰依
［きえ］

神仏を信仰してその威厳や徳にすがること。

316
偶像
［ぐうぞう］

信仰・崇拝の対象となる像。神などの形をかたどっている。

317
啓示
［けいじ］

キリスト教などで神が人知を超えた真理を人間にあらわし、示すこと。

Point

315「帰依」は、仏教用語。転じて、優れたものにすがるという意味もある。316「偶像」は、例えば仏像やキリスト像などのこと。プロテスタントは偶像崇拝を禁じており、教会に像はない。

318
解脱
［げだつ］

煩悩から逃れて悟りの境地に達すること。

319
衆生
［しゅじょう］

仏の救済の対象であるすべての生き物のこと。

320
タブー
［たぶー］

禁忌。神聖または不浄に触れるのを禁じること。

321
ドグマ
［どぐま］

①宗教上の教義。②独断的な説。

319「衆生」は、「縁なき衆生は度し難し〈＝忠告を聞かないものは救えない。〉」ということわざがある。320「タブー」は、日常的に「してはいけないこと」という意味合いで使うことも多い。

322
輪廻
［りんね］

霊魂が生まれ変わりを繰り返すこと。

323
倫理
［りんり］

人として行うべき道。道徳。モラル。

322「輪廻」は、仏教用語。「生まれ変わり」というのは、輪廻転生という仏教の考え方によるもの。323「倫理」は、「道徳」「モラル」と同義だが、「倫理」の方が広く万人に適用され、「道徳」「モラル」は個人的な意味合いが強い。

#科学・医療

324 アンビバレンス［あんびばれんす］

同じ事柄に対して正反対の感情を抱くこと。両面価値。

325 インフォームド・コンセント［いんふぉーむど・こんせんと］

患者が医師から治療法などの説明を受けて同意すること。

326 科学主義［かがくしゅぎ］

科学を絶対視し、真実に近づく唯一の方法とする考え。

327 仮象［かしょう］

実際には存在しないが主観的には認められる幻像。

324「アンビバレンス」は、例えば愛憎、悲喜こもごもといった感情のこと。325「インフォームド・コンセント」は、「情報提供（inform）＋同意する（consent）」。医療における患者の自己決定権を尊重するものである。

328
仮説
［かせつ］

まだ証明されていない事柄を説明するため、仮に立てた理論。

329
クオリティー・オブ・ライフ
［くおりてぃー・おぶ・らいふ］

物質的な量よりも精神的な豊かさを含めた質を重視する生活観。生活の質。特に医療や福祉の現場で用いる。

330
シンギュラリティー
［しんぎゅらりてぃー］

技術的特異点。人工知能（AI）が人間の知能を超える転換点。

331
ターミナル・ケア
［たーみなる・けあ］

余命わずかな人のクオリティー・オブ・ライフを重視した処置。

329「クオリティー・オブ・ライフ」は、例えば苦痛を伴う延命治療よりも苦痛の軽減など患者の生活の質を重視する考え方。「QOL」とも書く。331「ターミナル・ケア」は、「終末期医療」とも呼ばれる。

332
デジタル
［でじたる］
データなどを数値で表現すること。また、文字表示的。

333
内向
［ないこう］
内気で自分の世界に閉じこもろうとすること。対義語は「外向」。

334
ノーマライゼーション
［のーまらいぜーしょん］
福祉の基本理念で、社会的弱者がほかの人々と同様に暮らせる社会が本来の社会であるとする考え方。

335
バイアス
［ばいあす］
偏見。偏向。

Point

332「デジタル」の対義語は、「アナログ」。時計やカメラをイメージすると、わかりやすい。335「バイアス」は、物事の見方に偏りがあることを指して、【バイアスがかかった見方。】などのように使う。

336 発想［はっそう］

元となる考えを思いつくこと。その思いつき。

337 ビッグ・データ［びっぐ・でーた］

人間では全体を把握しきれないほどの巨大なデータ群のこと。

338 分析［ぶんせき］

物質や物事を要素や成分に分けて構造を明らかにすること。

Point

337「ビッグ・データ」は、例えばSNSに毎日あげられる膨大な投稿、動画、コメントなどのこと。情報通信技術の進展により、収集や蓄積等が可能になった。338「分析」は、理化学においては物質の組成を明らかにすること。解析。

＃近代

339 監視社会
［かんししゃかい］

一定の権力をもつ組織によって、個人の活動が過剰に監視された社会。

340 近代化
［きんだいか］

物事を合理的・科学的・民主的で人間性を重んじる状態に改めること。

341 近代自我
［きんだいじが］

封建制社会の束縛から解放され、個人主義・自由主義を背景にして目覚めた自我。

Point

339「監視社会」は、例えば現代の日本でどこでも防犯カメラがあったり、インターネットで匿名の書き込みでも身元がすぐバレたりすることからも実感されるだろう。

342

国民国家

［こくみんこっか］

共通する言語、文化、伝統などの、国民的な一体感をもとにして形成された近代的な国家のこと。

343

市民社会

［しみんしゃかい］

市民階級が封建制度を打倒して成立した民主的、近代的な社会。

344

フェティシズム

［ふぇてぃしずむ］

特定の物を崇拝すること。または特定の物に異常な執着を示すこと。

345

ポスト・モダン

［ぽすと・もだん］

脱近代。合理化された近代主義から脱却しようとする思想、傾向。

Point

344「フェティシズム」は、本来は呪物崇拝、物神崇拝のこと。現代の日本で、特定のものに対する過度な愛好・執着を「〇〇フェチ」などというのは、フェティシズムが語源。

345「ポスト・モダン」の「ポスト」は、〈～以後〉の意味。

#現代

346 エコロジー

［えころじー］

自然環境を守ろうとする活動。エコ。

347 格差社会

［かくさしゃかい］

経済的に社会の構成員に階層が生じ、その格差が固定化された社会。

348 クレオール

［くれおーる］

植民地の西インド諸島や中南米に移住したヨーロッパ人・黒人奴隷などの子孫たちの言語や文化が混合し、独特のものになった現象。

Point

346「エコロジー」は、本来は生態学。348「クレオール」は、植民地の西インド諸島や中南米などで生まれ育ったヨーロッパ人のことも指す。起源を一つとしない多様的な在り方である。

349
グローバリゼーション
［ぐろーばりぜーしょん］

世界化。特に世界経済の一体化を図ること。

350
サブカルチャー
［さぶかるちゃー］

社会の伝統的な文化に対し、社会の一部の人々だけを担い手とする独特な文化。下位文化。

351
ジェンダー
［じぇんだー］

（生物学的な性に対して）文化的・社会的に形成される性別。

352
消費社会
［しょうひしゃかい］

大量に生産された商品やサービスを人々が盛んに消費する社会。

350「サブカルチャー」は、例えばアニメや漫画などは日本が世界に誇るサブカルチャーといえる。

353
情報化社会
［じょうほうかしゃかい］

情報が大きな価値をもち、情報の伝達・管理が高度に発展した社会。

354
世紀末
［せいきまつ］

十九世紀末ヨーロッパで病的・退廃的な気分が社会を支配した時代。転じてある社会に退廃的な傾向が起こる時期。

355
大衆社会
［たいしゅうしゃかい］

大衆〈＝社会の大多数を占める一般の人々〉が強い影響力をもつ社会。資本主義の発展などに伴ってあらわれた。

356
ダイバーシティ
［だいばーしてぃ］

多様性。特に企業において人材を多様的に活用することをいう。

Point

354「世紀末」は、語義的には〈世紀の末〉なので、どの世紀の末を指してもよいのだが、指定がない場合は19世紀の末のことになる。

357

テロ

［てろ］

「テロリズム」の略。一定の政治上の目的を果たすため、暴力手段に直接訴えること。

356「ダイバーシティ」は、もとはマイノリティーや女性の雇用面での処遇差別をなくそうとする動きから始まった。357「テロ」は、米国同時多発テロなど、大勢の人々を巻き込むことで恐怖を与え、主張を認めさせようとするもの。

358 トラウマ［とらうま］

影響が長く残るような心の傷。トラウマによるストレスが引き起こす障害をPTSDという。

359 フェミニズム［ふぇみにずむ］

女権拡張論。女性の権利を大切にする考え方。

360 ヘイト・スピーチ［へいと・すぴーち］

人種・宗教・性的指向などの属性を理由に人を激しく攻撃する言説。

361 モラトリアム［もらとりあむ］

成人している青年が社会に出るまでの精神的な猶予期間。

Point

360「ヘイト・スピーチ」は、2009年に京都で人権差別的な妨害が行われた事件などをきっかけに注目されるようになった。361「モラトリアム」の本来の意味は〈支払い猶予期間。〉

#情報・メディア

362 コスモロジー［こすもろじー］

宇宙論。近代的なものはアインシュタインの相対性理論から始まる。

363 脆弱［ぜいじゃく］

弱いこと。ＩＴの分野では、コンピューターなどの安全上の欠陥や仕様の問題点。

364 セキュリティー［せきゅりてぃー］

保安。防犯。ＩＴの分野では、コンピューターやデータなどを安全に保護すること。

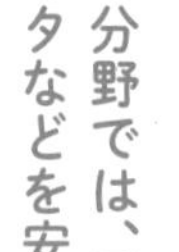

Point

363 コンピューターのプログラムなどの不具合やミス、バグなどはあとから見つかることがあり、それを「脆弱性」という。脆弱性を有すると、不正アクセスやコンピューターウイルスなどの餌食になることがある。

365
テクノロジー
［てくのろじー］

科学技術。または、科学技術によって作り出された道具や技術のすべてを指す。

366
フェイク・ニュース
［ふぇいく・にゅーす］

メディアでの事実と異なる報道。または、そのような報道をすること。

367
リテラシー
［りてらしー］

読み書き能力。または、特定の分野での知識やそれを活用する能力。

Point

366「フェイク・ニュース」は、一般的な「誤報」ではなく、意図的に誤りと認識したうえでの虚偽報道をいうことが多い。367「リテラシー」は、「ITリテラシー」のように特定分野の知識を使いこなす意味で使われることが多い。

索引

あ行

か行

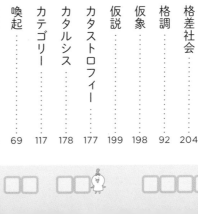

さ行

た行

ま行

イメージ記憶でスイスイ覚える

ゆる語訳現代文単語

監修
池上和裕

装丁・本文デザイン
あんバターオフィス

イラスト
いしやま暁子

企画編集
留森桃子

執筆・編集協力
株式会社カルチャー・プロ

校正
岩崎美穂　坪井俊弘　有限会社マイプラン

データ作成
株式会社四国写研

印刷
株式会社リーブルテック

①